Eckard Wolz-Gottwald
Die Bhagavadgita im Alltag leben



vianova
Verlag Via Nova

Eckard Wolz-Gottwald

# *Die Bhagavadgita im Alltag leben*

Die vier großen
Übungswege des Yoga

Verlag Via Nova

1. Auflage 2022

**Verlag Via Nova, Alte Landstr. 12, 36100 Petersberg**

Telefon: (06 61) 6 29 73

Fax: (06 61) 96 79 560

E-Mail: info@verlag-vianova.de

Internet: www.verlag-vianova.de

Umschlaggestaltung: Guter Punkt, München

Druck und Verarbeitung: C.H. Beck, 86720 Nördlingen



ISBN 978-3-86616-519-9

# Inhaltsverzeichnis

# Einleitung

Geht man auf die Suche nach den großen Texten des Yoga, so führt kein Weg vorbei an der *Bhagavadgītā*. In unzählige Sprachen übersetzt, gehört sie heute in Ost und West zu den populärsten Texten der hinduistischen Kultur. Im lebendigen Stil eines Lehrgesprächs verfasst, ist die *Bhagavadgītā* nicht nur flüssig zu lesen, sondern erscheint in vielen Teilen sogar als leicht verständlich.

Allerdings handelt es sich nicht bei allem, was man hier schnell zu verstehen glaubt, automatisch um die Weisheit des Yoga. Ganz im Gegenteil, ihre große Popularität in Indien erlangte die *Bhagavadgītā* vor allem durch ihre Verehrung als heilige Schrift des Hinduismus. Tatsächlich ist der Text als Lehrgespräch zwischen dem hinduistischen Gott *Krishna* und seinem gelehrigen Schüler *Arjuna* angelegt. Gott *Krishna* offenbart in ihr die bedeutendsten Lehren der hinduistischen Religion. So entwickelte sich die *Bhagavadgītā* zu einer der wichtigsten heiligen Schriften zur Legitimierung der hinduistischen Gesellschaftsordnung des Kastensystems. Letztendlich wird *Arjuna* von *Krishna* sogar dazu aufgefordert, als Mitglied der Kriegerkaste seinen Kastenpflichten nachzukommen und in den vermeintlich gerechten Krieg zu ziehen. Mit dem Ende der *Bhagavadgītā* sollte mit göttlicher Legitimation die größte und grausamste Schlacht ausbrechen, die je in der hinduistischen Literatur beschrieben wurde.

Man kratzt jedoch nur an der Oberfläche ihrer Schale, würde man die *Bhagavadgītā* ausschließlich als ‚Bibel' der Hindus verstehen. Unter der hinduistischen Schale liegt das Fruchtfleisch des Yoga verborgen. Im Laufe ihrer über mehrere Jahrhunderte andauernden Entstehungsgeschichte wurden so auch zahlreiche Texte zur Philosophie und Praxis des Yoga aufgenommen. Und diese Texte des Yoga haben es in sich. Es sind die in den hinduistischen Gesamtzusammenhang eingefügten Lehren yogischer Weisheit, die die *Bhagavadgītā* zu einem der revolutionärsten Texte machten, die die fast 3 000 Jahre zurückreichende Tradition des Yoga in Indien hervorbrachte.

Will man die *Bhagavadgītā* verstehen, gilt es sich somit zuallererst der Aufgabe der Differenzierung dieses vielschichtigen Textes zu widmen. So zeigt das erste Kapitel des vorliegenden Buches die geschichtlichen Hintergründe auf. Kapitel zwei widmet sich dem Spannungsfeld von hinduistischer Religion auf der einen und yogischer Spiritualität auf der anderen Seite. Nun ist der Weg frei für die Übungswege des Yoga im dritten Kapitel.

Viele Millionen Menschen erleben heute die segensreichen Wirkungen der Körperpraxis des *Hatha-Yoga*, die allgemein als ‚Yoga' bezeichnet wird. So hilfreich es ist, auf der Matte mit *Āsanas* und *Vinyāsas* innere Lebendigkeit zu kultivieren, so gilt es doch diese Bewusstheit in die Welt zu tragen. Was nützt es, die Einheit von Körper, Atem und Geist auf der Matte zu erfahren, wenn wir nicht fähig sind, diese Bewusstheit auch mitten im Alltag zu leben? Der *Bhagavadgītā* gelingt es nun wie keinem anderen Text in der langen Geschichte des Yoga, den Weg nach innen zu führen, dann aber wieder für das Leben mitten in der Welt zu öffnen.

Es sind die vier großen Yogawege der *Bhagavadgītā*, die dem Yoga des 21. Jahrhunderts entscheidende Impulse geben können. *Karma-Yoga* zeigt, wie jedes Handeln im Alltag als Achtsamkeitsübung praktiziert werden kann. *Jñāna-Yoga* eröffnet den Weg von der rein theoretischen Beschäftigung mit Yoga-Philosophie zu einer echten philosophischen Praxis. Durch *Bhakti-Yoga* wird die religiöse Praxis zur Übung der Öffnung für ein Leben aus göttlicher Kraft. Und auch der als *Dhyāna-Yoga* bezeichnete Weg der Meditation bleibt bei der

Wendung nach innen nicht stehen. Immer wieder gilt es die Bewusstheit des Innen nach außen zu tragen, um ein bewusstes Leben mitten im Alltag zu kultivieren.

Es ist hilfreich zu erkennen, wie Yoga in dieser Weise im Alltag gelebt werden kann. Entscheidend bleibt jedoch, die Wege nicht nur theoretisch zu verstehen, sondern sie auch praktisch üben zu können. So sind den theoretischen Erläuterungen der vier Yogawege immer auch praktische Übungen beigefügt, durch die der Yoga der *Bhagavadgītā* lebendig und erfahrbar wird.

Natürlich bedeutet Yoga auch weiterhin, sich in Körper, Atem und Geist spüren zu lernen und das Leben aus einer inneren Balance zu fördern. Das Üben mit der *Bhagavadgītā* kann jedoch deutlich machen, dass es letztendlich im Yoga um viel mehr geht. Alle vier großen Yogawege nehmen das in den Blick, was die *Bhagavadgītā* mit dem Sanskritbegriff *Svadharma* so pointiert zu benennen weiß. Yoga im Alltag zu leben heißt, sich der inneren Bestimmung des eigenen Lebens bewusst zu werden und somit die Achtsamkeit für das zu fördern, was wirklich Sinn macht in unserem Leben.

# I. Geschichtliche Hintergründe

Schon die Übersetzung des Sanskritbegriffs mit ‚Gesang (*gītā*) des Erhabenen (*bhagavad*)' - im Sinne der ‚feierlichen Unterweisung des göttlichen *Krishna*' - macht deutlich, dass es sich bei der *Bhagavadgītā* zunächst nicht um eine Schrift des Yoga, sondern vor allem um einen religiösen Text handelt. Ihre Bezeichnung als ‚Bibel des Hinduismus' weist so auf ihre immense Bedeutung als heilige Schrift des Hinduismus. Im Vergleich zur christlichen Bibel handelt es sich bei der *Bhagavadgītā* von ihrem Umfang her jedoch um einen relativ kleinen Text. Verteilt auf achtzehn Kapitel besteht sie aus ungefähr 700 im Metrum des *Shloka* verfassten Doppelversen.

Am ehesten könnte man die *Bhagavadgītā* als ein in Sanskrit verfasstes, großes Gedicht bezeichnen, dessen dichterische Schönheit sich in den Übersetzungen in westliche Sprachen kaum wiedergeben lässt. So nimmt es nicht Wunder, dass sie im heutigen Indien immer wieder auch in der Originalsprache in melodiösem Gesang bei entsprechenden Anlässen feierlich rezitiert wird.

## 1. Einordnung

*Eine Schrift unter vielen heiligen Schriften*

Im Kulturkreis der monotheistischen Religionen ist man es gewohnt, sich im Wesentlichen nur auf eine einzige heilige Schrift zu stützen, in der Gott sich oder seinen Willen offenbart. So bezieht sich das Christentum auf die Bibel, der Islam auf den Koran und das Judentum auf die Thora. Eine in dieser Weise religionsbegründende heilige Schrift gibt es in der hinduistischen Religionswelt nicht. Der Glaube an eine Vielzahl von Gottheiten basiert auf zahlreichen unterschiedlichen heiligen Texten. Bei der *Bhagavadgītā* handelt es sich zwar um eine wichtige und sehr populäre Schrift des Hinduismus. Letztendlich ist sie aber nur eine heilige Schrift unter einer großen Anzahl anderer heiliger Schriften der hinduistischen Religionswelt.

*Die Shrutis und die Smritis*

Um die Stellung der *Bhagavadgītā* innerhalb dieser Vielfalt der religiösen Texte zu verstehen, ist es hilfreich, sich die von der hinduistischen Priesterschaft der Brahmanen vorgenommene Unterteilung in zwei große Gruppen von heiligen Texten zu vergegenwärtigen. Grundlage und Fundament bildet hiernach der *Veda*. Der *Veda* gilt als *Shruti*, als das von den weisen *Rishis* ‚gehörte' göttliche Wort, dessen älteste Zeugnisse bis in das 15. Jahrhundert v. Chr. zurückreichen. Beim *Veda* handelt es sich nicht nur um die ältesten heiligen Texte der hinduistischen Kultur. Wir blicken auf eines der ältesten Textzeugnisse der Menschheit schlechthin, die uns bis heute überliefert sind.

Nach hinduistischem Glauben wurden die göttlichen Worte des *Veda* von den *Rishis* gehört, auswendig gelernt und daraufhin ausschließlich mündlich weitergegeben. Die Kenntnis des *Veda* war dabei nur den männlichen Brahmanen und den männlichen Mitgliedern der obersten Kasten vorbehalten. Sie lernten den *Veda* auswendig und überlieferten die Texte rezitierend von Generation zu Generation über die Jahrhunderte hinweg. Den *Veda* als heilige Schrift zu bezeichnen, entspricht zwar so dem westlichen Verständnis von religiöser Literatur, ist genau genommen jedoch falsch. Beim *Veda* handelt es sich um *Shruti*, das heißt um das gehörte und rezitierte Wort göttlicher Offenbarung.

Ganz anders verhält es sich bei der zweiten Gruppe, den ‚religiösen Lehren' der *Smritis*, wörtlich übersetzt das ‚Erinnerte'. Später als der *Veda* sind die *Smritis* erst ab dem 5. Jahrhundert v. Chr. entstanden. Mit den religiösen Lehren wird eine neue Epoche eingeläutet, die man später als die klassische Zeit der hinduistischen Kultur bezeichnen sollte. Die vedischen Götter werden nun von neuen Gottheiten abgelöst. Nicht mehr *Indra, Vayu*, *Agni*, *Rudra* oder *Sūrya* stehen im Mittelpunkt der Verehrung, sondern Gottheiten wie *Vishnu* oder *Shiva*. Als vollkommen unabhängig vom *Veda* können die religiösen Lehren dieser Zeit jedoch nicht angesehen werden. Ihre religiöse Autorität in der hinduistischen Religionswelt erlangten sie nur dadurch, dass sie sich als *Smritis* an das Wort des *Veda* ‚erinnern'.

Mit dieser zweiten Gruppe der religiösen Lehren entstand eine gewisse Öffnung. Die Texte durften nicht nur mündlich, sondern auch schriftlich überliefert werden. Sie waren so nicht nur den höheren Kasten, sondern allen gläubigen Hindus zugänglich. Vor allem waren es die großen hinduistischen Nationalepen *Mahābhārata* und *Rāmāyana*, die als religiöse Lehren der *Smritis* die Volksreligiosität des Hinduismus wesentlich prägten.

*Die Bhagavadgītā als Teil der Smriti-Literatur*

Nach all diesen Erklärungen sind wir jetzt so weit, die Stellung der *Bhagavadgītā* innerhalb der heiligen Texte des Hinduismus aufzeigen zu können. Bei der *Bhagavadgītā* handelt es sich nicht um einen Text des *Veda*. Ihre 18 Kapitel wurden als Kapitel 25 bis 42 in das sechste Buch des Epos *Mahābhārata* eingefügt. Die *Bhagavadgītā* ist somit in den Kontext der religiösen Lehren der *Smritis* der klassischen Zeit des Hinduismus einzuordnen. Als *Smriti* steht die *Bhagavadgītā* somit nicht in der oralen Tradition der Überlieferung des *Veda*. Sie war als heilige Schrift schon in der indischen Tradition prinzipiell jedem gläubigen Hindu zugänglich. Im Mittelpunkt der *Bhagavadgītā* stehen auch nicht die vedischen Gottheiten, sondern die Verehrung des Gottes *Vishnu*, der neben *Shiva* zur bedeutendsten Gottheit des Hinduismus aufgestiegen war.

## 2. Entstehung

*Die traditionell hinduistische Sicht*

Wann und wie ist die *Bhagavadgītā* entstanden? Der hinduistische Gläubige geht davon aus, dass es sich bei der *Bhagavadgītā* nicht um einen von Menschen verfassten Text, sondern um heilige Worte Gottes handelt. Als Lehren mit göttlicher Autorität gesprochen, wurden sie aus traditionell hinduistischer Sicht vom mythischen Weisen *Vyāsa* vor vielen zehntausend Jahren als in sich geschlossener Text verfasst und über die Jahrtausende hinweg bis zum heutigen Tag überliefert. Da in der hinduistischen Kultur der Glaube weit verbreitet ist, dass ein Text als umso bedeutender angesehen werden muss, je älter und somit näher am göttlichen Ursprung er ist, muss es sich bei der großen Bedeutung der *Bhagavadgītā* notwendigerweise um einen sehr alten Text handeln.

*Die historischen Wissenschaften*

Einen grundlegend anderen Zugang zur Geschichte pflegen dagegen die modernen Geschichts- und Literaturwissenschaften, wie sie an den Universitäten im heutigen Indien und auch in den Ländern des westlichen Kulturkreises gepflegt werden. Die modernen Wissenschaften gründen nicht auf dem Glauben an eine göttliche Autorität. Sie beschränken sich auf das, was konkret nachweisbar ist, wodurch viel weniger gesagt werden kann, als dies die religiösen Meister des Hinduismus vermögen.

Die historischen Wissenschaften betrachten die *Bhagavadgītā* nicht als göttliche Lehre, der Gehorsam zu leisten ist. Für sie wurde der Text von Menschen verfasst. Mit klarem Blick stellen sie fest, dass es sich bei der *Bhagavadgītā* keinesfalls um eine in sich geschlossene Schrift handelt, sondern um einen vielschichtigen Text, der aus dem Verschmelzen zahlreicher schriftlicher, aber vor allem auch mündlich überlieferter Motive, Erzählungen und Lehren entstand. Über viele Jahrhunderte hinweg wurden kleinere Texte oder auch Einzelsprüche gesammelt, zusammengefügt, überarbeitet, weiter überliefert und somit immer weiter verändert. Eine im Anhang dieses Buches zu findende Zusammenstellung gibt einen Überblick über die so entstandene komplexe Struktur der ineinander verschachtelten hinduistischen und yogischen Themen der *Bhagavadgītā.*

Während die Entstehung der ersten Gedanken durchaus bis ins 5. Jahrhundert v. Chr. zurückreichen kann, wurde die *Bhagavadgītā* zwischen dem 2. Jahrhundert v. Chr. und dem 2. Jahrhundert n. Chr. verfasst und dann in das 6. Kapitel des *Mahābhārata* eingefügt. Prinzipiell kann sich der Text dann immer noch verändert haben. Es wird jedoch davon ausgegangen, dass spätestens mit ihrer Kommentierung durch *Shankara* im 9. Jahrhundert n. Chr. die *Bhagavadgītā* eine feste, nicht mehr veränderte Gestalt erreicht hatte und nun der Text vorlag, wie wir ihn heute kennen.

*Glaube contra Wissenschaft*

Beide Seiten, der hinduistische Glaube und die modernen Geschichtswissenschaften, stehen sich heute in ihrem grundsätzlich unterschiedlichen Ansatz unversöhnlich gegenüber.

Die moderne Wissenschaft geht auf der einen Seite davon aus, dass der hinduistische Glaube an eine göttliche Offenbarung die geschichtliche Entstehung des von zahlreichen Menschen verfassten Textes nicht erkennt. Auf der anderen Seite sehen hinduistische Interpreten im modernen Ansatz eine Relativierung des Anspruchs göttlicher Wahrheit.

Es erscheint durchaus als verständlich, dass gläubige Hindus den wissenschaftlichen Zugang zum Teil sogar als Gotteslästerung verstehen können. Sie empfinden die historische Interpretation nicht selten als Beleidigung, Verunglimpfung oder als Angriff auf die Integrität der *Bhagavadgītā* als heilige Schrift. Insbesondere aus Kreisen der hinduistischen Fundamentalisten wird sogar der Vorwurf erhoben, die modernen Wissenschaften stellten nur die Fortsetzung der Kolonialisierung Indiens durch den Westen dar, gegen die man sich als national denkender Hindu mit allen Kräften zu wehren habe.

*Die Quellen*

Dieses Buch stellt sich nun der Aufgabe, die Schätze des Yoga aus dem hinduistischen Gesamtzusammenhang zu lösen, um sie für die moderne Yogapraxis fruchtbar zu machen. Hierbei erweist sich die Arbeit der modernen Geschichtswissenschaft als äußerst hilfreich. Hiernach wurden höchst unterschiedliche Lehren in den Text der *Bhagavadgītā* aufgenommen. Die Redaktoren haben den beiden Protagonisten *Krishna* und *Arjuna* nahezu alle zur Zeit ihrer Entstehung bekannten Theologien und Philosophien in den Mund gelegt. Die Vielfalt ihrer Lehren mag mit ein Grund dafür sein, dass später so viele unterschiedliche Menschen, von den hinduistischen Gläubigen bis hin zu den modernen Yogaübenden des Westens, in der *Bhagavadgītā* ihre jeweilig für sie passende Inspiration finden konnten.

Die Anhänger des *Veda* schätzen die Betonung des Opfers, der Rituale und der *Veda*-Rezitation. Bekanntermaßen stehen im Zentrum der *Bhagavadgītā* jedoch nicht mehr die vedischen Gottheiten. Der hinduistische Gott *Vishnu* war zur Entstehungszeit der *Bhagavadgītā* neben *Shiva* zur zentralen Gottheit in der hinduistischen Religionswelt aufgestiegen. So wurde die *Bhagavadgītā* auch zu einem der zentralen heiligen Texte der vishnuitischen *Krishna*-Verehrung.

Als wichtigste religiöse Quelle ist jedoch die zur Zeit der Entstehung der *Bhagavadgītā* immer mehr an Kraft gewinnende *Bhakti*-Bewegung zu nennen. Gegen den veräußerlichten Ritualismus der Priesterschaft betonten ihre Anhänger die als *Bhakti* bezeichnete liebende Hingabe an Gott als Fundament echter Religion. So entwickelte sich die *Bhagavadgītā* auch zu einer der bedeutendsten Schriften der *Bhakti*-Religiosität.

Darüber hinaus ist der Text nicht nur von den so unterschiedlichen Ausrichtungen der hinduistischen Religionswelt geprägt. Wichtige Gedanken der *Vedānta*-Philosophie der *Upanishads,* mit besonderem Bezug zur *Katha*- und *Shvetāshvatara-Upanishad,* sind aufgenommen. Auch die *Sāmkhya*-Philosophie erfährt eine spezifische Neuinterpretation.

Als wahrhaft revolutionäre Schrift zeigt sich die *Bhagavadgītā* in den Texten, die sich dem Yoga widmen. Einerseits bezieht man sich auf die schon damals über viele Jahrhunderte andauernden Yogatraditionen. Andererseits gelingt es, die Lehren des Yoga grundlegend neu für das bewusste Leben mitten in der Welt weiterzuführen, so dass die *Bhagavadgītā* zu einem der bedeutendsten Texte des Yoga avancierte.

## 3. Interpretation

### *Vedische Zeit und die Epoche der hinduistischen Klassik*

Während in der vedischen Zeit zwischen dem 15. Jahrhundert und dem 5. Jahrhundert v. Chr. mit den Texten des *Veda* die Grundlagen der hinduistischen Religionswelten gelegt wurden, kann die folgende klassische Epoche zwischen dem 5. Jahrhundert v. Chr. und dem 5. Jahrhundert n. Chr. als die Blütezeit der hinduistischen Kultur gelten. Hier entstanden nicht nur die *Bhagavadgītā*, sondern auch die großen Texte der klassischen Philosophien wie die heute so bekannten *Yoga-Sūtras* des *Patañjali*. Die *Bhagavadgītā* und die *Yoga-Sūtras* können so der gleichen Epoche zugeordnet werden.

### *Das Prinzip des Kommentierens in der Nachklassik*

Gegen Ende des ersten Jahrtausends n. Chr. konzentrierten viele Autoren ihre Tätigkeit darauf, die vedischen und klassischen Texte zu kommentieren, so dass nun von der nachklassischen Epoche gesprochen wird. Veränderungen der Sichtweise führten nicht mehr zu einer Änderung des Urtextes, sondern fanden in jeweilig unterschiedlichen Kommentaren ihren Ausdruck. Immer ging man jedoch davon aus, dass die *Bhagavadgītā* eine einheitliche Lehre vertritt. Da die Kommentatoren die *Bhagavadgītā* jedoch unterschiedlich zu deuten vermochten, liegen in den verschiedenen Kommentaren doch wieder unterschiedliche Lehren vor, die alle die Autorität der *Bhagavadgītā* für sich in Anspruch nehmen.

Für den westlichen Leser mutet es meist seltsam an, wenn aus dem gleichen Text nicht nur unterschiedliche, sondern mitunter sich zu widersprechen scheinende Lehren herausgelesen werden. Dies gilt jedoch nicht für das traditionelle Indien. Es war gerade die Vielfalt der unterschiedlichen Auslegungsweisen, die traditionell als positiv und als Zeichen des Reichtums der Ideen gewertet wurde.

*Die traditionellen Kommentatoren*

Der älteste bis heute überlieferte Kommentar liegt uns mit dem *Bhagavadgītābhāshya* (*bhāshya*: Kommentar) des wohl bedeutendsten hinduistischen Philosophen *Shankara* aus dem frühen 9. Jahrhundert n. Chr. vor. *Shankara* interpretierte die *Bhagavadgītā* im Sinne des *Advaita-Vedānta*, nach dessen Sicht die letzte Realität als ‚Unzweiheit' (*advaita*) gedeutet wird. Interessant ist vor allem, dass es sich bei *Shankara* um einen Shivaiten handelt. Der älteste Kommentar der aus dem Vishnuismus hervorgegangenen *Bhagavadgītā* wurde somit von einem Anhänger des Gottes *Shiva* verfasst. Die zentrale Bedeutung der *Bhagavadgītā* für alle Ausrichtungen des Hinduismus kann kaum deutlicher zum Ausdruck kommen. Es ist der Kommentar des *Shankara*, der in der Folgezeit größten Einfluss auf das Verständnis der *Bhagavadgītā* vor allem in den intellektuellen Kreisen des hinduistischen Indien ausübte.

Der Vishnuit *Rāmānuja* schrieb im 12. Jahrhundert n. Chr. einen Kommentar aus der Sicht des *Vishistādvaita-Vedānta*, der Theologie der ‚unterschiedenen Nicht-Zweiheit'. Es folgte im 13. Jahrhundert n. Chr. der Vishnuit *Madhva,* der im Sinne des *Dvaita-Vedānta* vom grundlegenden ‚Dualismus' zwischen Gott und Mensch ausging.

Neben diesen drei dem *Vedānta* zuzurechnenden Autoren ist vor allem jedoch auch noch *Abhinavagupta* zu nennen, der um die erste Jahrtausendwende n. Chr. wirkte und als der Vollender der tantrischen Tradition des kashmirischen Shivaismus gilt. Er ordnet die *Bhagavadgītā* in das für den kashmirischen Shivaismus zentrale *Trika*-Konzept ein, das die Realität nach der Dreiheit *Shiva* (männliche Transzendenz), *Shakti* (weibliche Energie) und *Nara* (Mensch) interpretiert. Wie schon *Shankara* vor ihm scheut sich auch hier ein Shivait nicht, die vishnuitische *Bhagavadgītā* mit seinem Kommentar zu würdigen.

Das Kommentieren war mit diesen Autoren keineswegs beendet. Die *Bhagavadgītā* wurde in der Folgezeit von nahezu allen großen Philosophen und Theologen interpretiert. Die Lehren von *Shankara*, *Rāmānuja*, *Madhva* und *Abhinavagupta* bildeten in den folgenden Jahrhunderten jedoch den Rahmen, in dem die *Bhagavadgītā* im Kontext hinduistischer Theologie und Philosophie verstanden wurde.

*Die ersten Übersetzungen in europäische Sprachen*

Ein neues Kapitel der Interpretation begann erst, als man die *Bhagavadgītā* vor etwas mehr als 200 Jahren in Europa entdeckte. Der indische Subkontinent war inzwischen von europäischen Kolonialmächten besetzt und unterworfen worden. Ende des 18. Jahrhunderts schickte man im Dienste der East India Company den Engländer Charles Wilkins nach Indien, um in Varanasi bei einem Hindu-Gelehrten die indische Gelehrtensprache Sanskrit zu erlernen. Im Zusammenhang mit diesen Studien übersetzte Wilkins auch die *Bhagavadgītā* ins Englische. Im Jahre 1785 war es dann so weit. Finanziert durch die Company, erschien die erste englische Übersetzung der *Bhagavadgītā* durch Charles Wilkins. Sie bildete dann auch die Grundlage für die erste Übertragung ins Deutsche, die schon zwei Jahre später im Jahre 1787 erfolgte. Bei dieser Übersetzung aus zweiter Hand sollte es jedoch nicht lange bleiben.

Es war August Wilhelm Schlegel, der Inhaber des ersten Lehrstuhls für Indologie in Deutschland an der Universität Bonn, der sich in Paris Buchstaben für den Satz des indischen *Devanāgari*-Alphabets herstellen ließ, um damit Sanskrittexte in Deutschland drucken zu können. So erschien im Jahre 1823 die *Bhagavadgītā* als erstes Buch mit *Devanāgari*-Buchstaben auf europäischem Boden. Dem Original in Sanskrit fügte Schlegel auch eine Übersetzung in der damals üblichen europäischen Gelehrtensprache des klassischen Latein hinzu. Die erste Übersetzung der *Bhagavadgītā* aus dem Original des Sanskrit auf deutschem Boden erschien somit mit dem Titel:

*Bhagavad-Gita.*
*Id Est Thespesion Melos, Sive Almi Krishnae Et Arjunae Colloquium De Rebus Divinis, Bharateae Episodium.*

Diese Übersetzung in die Denkwelt des Latein der antiken und mittelalterlichen Philosophie war dann jedoch mit einer grundlegenden Neuinterpretation des Textes verbunden. Der Begriff ‚*yoga*' wurde zum Beispiel mit ‚*devotio*' im Sinn von ‚Sich-Hingeben' übertragen, ‚*brahman*' mit ‚*divinum*' als das ‚Göttliche'.

*Das Idealbild von Indien als dem Land der ewigen Weisheit*

Schlegels Übersetzung der *Bhagavadgītā* ins Latein hatte eine immense Wirkung insbesondere auf das deutsche Kulturleben des 19. Jahrhunderts. Jeder der großen deutschen Gelehrten las die *Bhagavadgītā*, von Humboldt über Goethe und Hegel bis hin zu Schelling und Herder. Sie lernten die *Bhagavadgītā* jedoch als ein in lateinischer Sprache verfasstes Gedicht kennen. Natürlich waren alle grundlegend überrascht. Vor allem waren sie davon überrascht, dass das kolonialisierte und von den europäischen Mächten unterworfene Indien mit einem literarischen Text aufwarten konnte, wie man ihn sonst nur von abendländischen Dichtern kannte.

Aus der Haltung einer grundlegenden Überlegenheit des Westens gegenüber allen anderen Kulturen der Welt musste man erkennen, dass auch Indien eine epische Dichtung vorzuweisen hatte, die mit den großen europäischen Epen zu vergleichen ist, von der Ilias über die Odyssee bis hin zum Nibelungenlied. Schon 1825 soll Wilhelm von Humboldt die

*Bhagavadgītā* in seinem immer wieder aufgeführten Zitat als ‚das schönste, ja vielleicht das einzig wahrhafte philosophische Gedicht' bezeichnet haben.

Natürlich ist bei solchen Äußerungen das Überraschungsmoment zu berücksichtigen, wenn Humboldt mit der *Bhagavadgītā* einen Text aus einer Kultur gezeigt bekam, von der er solch literarische Größe nie vermutet hätte. Und natürlich wird auch die von Schlegel angefertigte Übersetzung ins klassische Latein eine wichtige Rolle gespielt haben. In jedem Fall hatten überschwängliche Äußerungen wie diese ihre Wirkung auf das Indienbild im deutschsprachigen Raum und auch darüber hinaus. Insbesondere in der Romantik wurde Indien zur Projektionsfläche westlicher Sehnsüchte nach fernöstlicher Weisheit. Die *Bhagavadgītā* spielte somit eine zentrale Rolle für das idealisierte Indienbild, wie es sich in der westlichen Kultur zu Beginn des 19. Jahrhunderts herausbildete. Eine Entwicklung wurde initiiert, deren Auswirkungen bis in die heutige Yogaszene hineinreichen. Dies wird vor allem deutlich, wenn bis heute Yogaübende sich immer wieder gerne Indien als das Land ewiger Weisheit vorstellen.

*Legitimation des Kampfes gegen die Kolonialmächte*

Die Wertschätzung der *Bhagavadgītā* in den gebildeten Kreisen Europas hatte wiederum Rückwirkungen auf Indien. Insbesondere national orientierte Inder erkannten, dass ihre eigene Kultur doch nicht als so minderwertig angesehen werden musste, wie ihnen das die Kolonialmächte ständig vermittelten. Wenn insbesondere die *Bhagavadgītā* bei den westlichen Gelehrten so hohe Wertschätzung erfuhr, dann sollten auch Inder Stolz auf dieses Buch empfinden dürfen, das die hinduistische Kultur hervorgebracht hatte. Gegen die Vormachtstellung des Westens in der Welt konnte man zeigen, zu welchen Kulturleistungen Indien fähig war.

In Indien sah man die *Bhagavadgītā* jedoch nicht als ‚wahrhaft philosophisches Gedicht'. Der Blick richtete sich auf ihr zentrales Thema, auf den Kampf *Arjunas* für die gerechte Sache. *Krishna* forderte *Arjuna* unmissverständlich auf, mit allen Konsequenzen in die Schlacht zu ziehen. Die *Bhagavadgītā* wurde in Indien nun als ein Buch empfunden, das den Kampf gegen die westlichen Kolonialmächte nicht nur legitimierte, sondern direkt dazu aufforderte. Indische Nationalisten begannen, die Schwurhand auf die *Bhagavadgītā* statt auf die Bibel zu legen. Der Kampf um die Befreiung Indiens von der britischen Kolonialherrschaft konnte inspiriert durch die *Bhagavadgītā* als eine gleichsam religiöse Aufgabe verstanden werden.

*Die Neuentdeckung des Yoga in der Bhagavadgītā*

Die Sache des Yoga hatten somit weder die europäischen Gelehrten noch die indischen Nationalisten im Blick, obwohl der entscheidende Schritt von zwei Autoren gemacht wurde, die aus der indischen Freiheitsbewegung kamen. Es waren die großen Freiheitskämpfer *Mahātma Mohandas K. Gandhi* (1869-1948) und *Sri Aurobindo Ghose* (1872-1950), die die *Bhagavadgītā* nicht mehr in erster Linie als heilige Schrift des Hinduismus verstanden. Letztendlich lösten sie sich sogar von den traditionellen Interpretationsmodellen im Horizont der vier klassischen Kommentatoren *Shankara, Rāmānuja, Madhva* und *Abhinavagupta.*

*Gandhi* und *Aurobindo* ist das große Verdienst zuzusprechen, die auf das Leben in der Welt ausgerichtete Spiritualität des Yoga in der *Bhagavadgītā* für das 20. Jahrhundert neu entdeckt zu haben. Beide Autoren wurden zwar als Inder in ihrem indischen Vaterland geboren. Wie viele Inder des ausgehenden 19. und beginnenden 20. Jahrhunderts verbrachten sie jedoch große Teile ihrer Ausbildungszeit im

Westen. Ihr Denken wurde so von der hinduistischen Tradition wie auch von der abendländischen Kultur geprägt. *Gandhi* und *Aurobindo* repräsentieren das moderne Indien, in dem Ost und West zwar miteinander kämpfen, aber gleichzeitig auch eine tiefe, innere Verbindung eingehen. Obwohl beide vom indischen Freiheitskampf motiviert waren, verstanden sie die *Bhagavadgītā* doch nicht in der Gegnerschaft zur westlichen Kultur. Ihnen ging es um eine moderne Interpretation des Yoga der *Bhagavadgītā* im konstruktiven Dialog zwischen östlichem und westlichem Denken.[1]

*Gandhis gewaltfreier politischer Kampf*

Für diese Verbindung zwischen Ost und West ist es bezeichnend, dass viele Inder von den Schätzen ihrer eigenen Kultur erst durch die Vermittlung des Westens erfuhren. Immer wieder stießen sie auf die großen Texte und Autoren des traditionellen Indien zuerst in westlicher Übersetzung. So lernte auch *Gandhi* die *Bhagavadgītā* nicht in Indien kennen, sondern in London, als er 1888 zum Jurastudium in der Hauptstadt der Kolonialmacht angekommen war. Die Ausgabe, die *Gandhi* zum ersten Mal in der Hand hielt, war die von Sir Edwin Arnold ins Englische übersetzte, poetische Version der *Bhagavadgītā*, die erst wenige Jahre vorher unter dem Namen ‚The Song Celestial' erschienen war. *Gandhi* las das Buch und war begeistert. Nach *Gandhis* Bericht erfolgte ein tiefergehendes Studium der *Bhagavadgītā* erst später während seiner Inhaftierung durch die britische Krone in Indien. *Gandhi* sollte später sogar die *Bhagavadgītā* aus dem

[1] Das Verdienst, das *Svamī Vivekānanda* für die Ost und West verbindende Neuinterpretation der *Yoga-Sūtras* des *Patañjali* zukommt, ist in Bezug auf die *Bhagavadgītā* vor allem *Mahātma Gandhi* und *Sri Aurobindo* zuzusprechen.

Sanskrit in seine Muttersprache Gujarati übersetzen. Seine Gujarati-Version erschien dann wiederum in einer Übersetzung ins Englische im Jahre 1931 in *Gandhis* englischsprachigem Journal *Young India*.[2]

Entgegen der Konvention interpretierte *Gandhi* die in der *Bhagavadgītā* beschriebene Schlacht nicht als historisches Geschehen auf dem Schlachtfeld *Kurukshetra*, sondern allegorisch als inneren Kampf des Menschen zwischen Gut und Böse. Yogische Grundsätze der Gewaltlosigkeit/*Ahimsā* und Wahrhaftigkeit/*Satya* wurden dabei ganz bewusst politisiert und für den gewaltfreien politischen Kampf zur Befreiung Indiens von der englischen Kolonialherrschaft eingesetzt.

*Gandhi* wirkte jedoch nicht nur durch seine theoretische Durchdringung der Philosophie des Yoga, die in seinen zahlreichen schon zu seinen Lebzeiten publizierten Texten zum Ausdruck kam. Vor allem war es *Gandhis* Leben, in dem deutlich wurde, wie insbesondere die in der *Bhagavadgītā* formulierten Wege des *Karma-Yoga* und des *Bhakti-Yoga* konkret umgesetzt werden können.

*Aurobindos Neuinterpretation*

Weit früher als *Gandhi* wurde *Aurobindo* schon im Alter von sieben Jahren von Indien nach England geschickt, um dort auf die Schule zu gehen und anschließend zu studieren. Als 21-Jähriger kehrte *Aurobindo* als westlich orientierter Mensch nach Indien zurück, um im Dienst des *Maharajas von Baroda* englische Literatur zu lehren. Erst zu dieser Zeit begann *Aurobindo* Sanskrit zu studieren. Als er sich dann dem Widerstand gegen die britische Kolonialmacht anschloss,

[2] Gandhi, Mohandas K.: The Bhagavad Gita According to Gandhi (translated into English by Mahadev Desai). Blacksburg (USA), 2011 (Neudruck, Originalausgabe 1931).

erfolgte bald die Inhaftierung. Interessanterweise fand *Aurobindo* erst im Gefängnis die Zeit, sich intensiver auch mit der *Bhagavadgītā* zu beschäftigen, die er bald als wichtigsten Grundlagentext zur Entfaltung seiner Yoga-Philosophie betrachtete. So paradox dies auch klingen mag, so ist doch festzustellen: Die Grundlagen für die Ost und West verbindende Neuentdeckung des Yoga der *Bhagavadgītā* wurden durch *Gandhi* und *Aurobindo* zu Beginn des 20. Jahrhunderts in indischen Gefängnissen der britischen Kolonialmacht gelegt.

Nach seiner Freilassung im Jahre 1910 floh *Aurobindo* aus Furcht vor einem erneuten Zugriff der englischen Behörden in das unter französischer Oberhoheit stehende Pondicherry. Von nun an sollte er sein ganzes Leben dem Yoga widmen. *Aurobindos* wegweisende Interpretation der *Bhagavadgītā* erschien in dieser Zeit in der Form einzelner Aufsätze in der von ihm herausgegebenen Zeitschrift *Arya* zwischen August 1916 und Juli 1920. Diese Artikel wurden von *Aurobindos* Schülern gesammelt und dann zum ersten Mal 1922 in den *Essays on the Gita* in Buchform publiziert.[3]

Diese Aufsätze bilden das Zentrum von *Aurobindos Bhagavadgītā*-Interpretation. Hier entwickelte er seine so wirkmächtige Systematisierung von drei großen Yogawegen. In der Folgezeit sollte sich die Auffassung durchsetzen, dass die *Bhagavadgītā* die drei Wege von *Karma-Yoga*, *Jñāna-Yoga* und *Bhakti-Yoga* lehrt, die alle den Weg des Yoga mitten in das Leben der Welt weisen. Dass auch der Yoga der Meditation in der *Bhagavadgītā* auf die Förderung eines bewussten Lebens im Alltag ausgerichtet ist, sollte erst später ins Bewusstsein der Interpreten treten.

[3] Sri Aurobindo: Essays on the Gita. Pondicherry, 1972 (Originalausgabe 1922).

*Yoga mitten in der Welt leben*

Im Einklang mit den großen Vertretern der Yoga-Renaissance des 20. Jahrhunderts rückten *Gandhi* und *Aurobindo* eine Revolution in das Blickfeld, die im Yoga der *Bhagavadgītā* meist unentdeckt über fast 2 000 Jahre schlummerte. Der Weg nach innen und der Rückzug aus der Welt sind nicht genug. Der Weg des Yoga hat weiterzugehen, um nach dem Rückzug nach innen wieder mit einer ganz neuen Bewusstheit in die Welt zurückzukehren.

*Gandhi* und *Aurobindo* hatten zwar den Schatz des Yoga in der *Bhagavadgītā* gehoben. Ihre wegweisenden Gedanken, Yoga als spirituellen Lebensweg mitten in der Welt zu leben, wurden zunächst jedoch nur in den Kreisen ihrer engsten Schüler aufgenommen. Yoga wurde insbesondere in der zweiten Hälfte des 20. Jahrhunderts zwar immer populärer. Im Mittelpunkt standen jedoch nicht die Philosophie *Gandhis* oder *Aurobindos* und auch nicht die der *Bhagavadgītā*, sondern Yoga als Körperpraxis.

Wenn heute so viele Menschen in Ost wie in West die segensreichen Wirkungen der *Āsanas* und *Vinyāsas* des *Hatha-Yoga* zu schätzen gelernt haben, so ist nicht aus dem Blick zu verlieren, dass Yoga viel mehr bedeutet, als sich auf die Matte zurückzuziehen. Wie Yoga über die Matte hinaus mitten im Alltag gelebt und geübt werden kann, dies zeigt die *Bhagavadgītā*, wenn man die Mühe nicht scheut, den Kern des Yoga aus seiner hinduistischen Schale herauszulösen.

# II. Yoga zwischen Religion und Spiritualität

## 1. Hinduistische Grundlagen

*Krishna als Avatār des hinduistischen Gottes Vishnu*

Obwohl sie schon sehr früh in der gesamten hinduistischen Religionswelt hohe Wertschätzung erfahren konnte, handelt es sich bei der *Bhagavadgītā* von ihrem Ursprung her doch um eine spezifisch dem Vishnuismus zuzuordnende Schrift. Hier hatte sich eine Lehre herausgebildet, nach der sich Gott *Vishnu* immer dann in einer als *Avatār* bezeichneten irdischen Gestalt verkörperte, wenn die Weltordnung aus den Fugen zu geraten drohte. Als *Avatār Vishnus* erklärt *Krishna* seinem Schüler *Arjuna* in dieser Weise:

*Wann immer nämlich ein Schwinden der Frömmigkeit eintritt, oh Bhārata, und damit ein Anstieg des Unrechts, dann erschaffe ich mich selbst unter den Kreaturen. Zum Schutz der Guten, zur Vernichtung der Übeltäter und zur Festigung der Frömmigkeit entstehe ich in jedem Weltzeitalter.*
*(Bhagavadgītā 4.7-8)*

Für den Hindu beschreibt die *Bhagavadgītā* somit das Eingreifen des Gottes *Vishnu* in die Geschichte der Menschheit, um so die auf Gott gegründete Ordnung in der Welt wiederherzustellen. Manche Schulen und Richtungen sprechen von einer großen Zahl solcher Verkörperungen. In der Tradition des Vishnuismus geht man jedoch von nur zehn *Avatāren* in tierischer wie auch in menschlicher Gestalt aus. Nach dieser Ordnung verkörperte sich *Vishnu* in der menschlichen Gestalt von *Krishna* als achter *Avatār*.

*Krishna* spielt als *Avatār Vishnus* jedoch nicht nur in der *Bhagavadgītā* eine zentrale Rolle. Die meisten auf *Krishna* Bezug nehmenden Erzählungen sind in den ebenfalls zu den heiligen Schriften des Hinduismus zählenden *Purānas* zu finden. Hier wird auch geschildert, wie *Krishna* als achter Sohn der Prinzessin *Devakī* und ihres Gatten *Vasudeva* geboren wurde. In den *Purānas* tritt *Krishna* allerdings auch als Kuhhirte (*gopāla*) auf. Die hinduistische Ikonografie stellt den Kuhhirten *Krishna* gerne mit blauer Hauttönung und Pfauenfeder im Haar geschmückt dar, wie er Flöte spielend nicht nur die Herzen der Hirtinnen, sondern auch aller Gläubigen verzaubert.

Aus religionswissenschaftlicher Sicht sind die unterschiedlichen Überlieferungen des *Krishna* in der *Bhagavadgītā* und des *Krishna* in den *Purānas* erst allmählich im Laufe der Geschichte zu einer Person verschmolzen. Der Flöte spielende *Krishna* der *purānischen* Überlieferung erlangte dabei sogar eine meist größere Popularität in der hinduistischen Religionswelt als der *Krishna*, wie er in der *Bhagavadgītā* als Wagenlenker *Arjunas* beschrieben wird. Auf den Kuhhirten *Krishna* gründen auch viele religiöse Gesänge, die die religiöse Praxis des Hinduismus bis heute prägen.

*Die Rahmenhandlung des Mahābhārata*

Anders als viele andere Schriften der hinduistischen Welt steht die *Bhagavadgītā* nicht für sich allein, sondern wurde im 6. Buch in den Erzählzusammenhang des Epos *Mahābhārata* eingefügt. Dabei handelt es sich nicht um die einzige Einfügung in dieses Epos. Im 14. Buch des *Mahābhārata* findet man ein als *Anugītā* bezeichnetes weiteres Lehrgespräch zwischen *Krishna* und *Arjuna*, das ebenfalls große Popularität erlangte.

Letztendlich enthält das *Mahābhārata* aber hunderte von Nebengeschichten, Lehrtraktaten und Legenden, die sich mit nahezu allen Themen beschäftigen, die in der hinduistischen Kultur eine Rolle spielen, von der Entstehung der Welt und der Geschöpfe über Tod und Wiedergeburt, die Entstehung von Freude und Leid, das Opfer, die Weltzeitalter bis hin zu zahlreichen Mythen der Götterwelt. So erlangte das *Mahābhārata* seinen Umfang von über 100 000 Versen und ist weit umfangreicher angelegt als die griechischen Epen der Ilias, der Odyssee oder das germanische Nibelungenlied. Für das Verständnis der *Bhagavadgītā* ist es keinesfalls notwendig, all diese Geschichten und Lehren zu kennen. Wichtig ist jedoch, ein Verständnis für die Rahmenhandlung zu entwickeln, auf die sich die *Bhagavadgītā* unmittelbar bezieht.

Das *Mahābhārata* als das ‚große Epos vom Kampf der *Bhāratas*' erzählt den Verwandtenkonflikt der nach dem legendären vedischen König *Bharata* benannten *Bhārata*-Familie. Die heutige Republik Indien bezieht sich mit ihrem amtlichen Namen *Bhārat* auf diese Familie und mit ihr auf *Bharata* als den Urherrscher Indiens aus ältester Zeit. Es ist nicht unwahrscheinlich, dass es sich bei diesem Konflikt im Kern um ein historisches Geschehen handelt. Viele Hindus betrachten jedoch bis heute die gesamte Erzählung als historische Tatsache.

Der Konflikt nimmt seinen Ausgang, als König *Pāndu* stirbt, sein ältester Sohn *Yudhishthira* jedoch noch zu jung ist, um die Thronfolge in dem im Norden Indiens gelegenen *Hastinapur* anzutreten. Bis zu *Yudhishthiras* geplanter Thronbesteigung übernimmt nun *Pāndus* blinder Bruder *Dhritarāshtra* die Regierungsgeschäfte. Gewöhnt an die Macht, will *Dhritarāshtra*, insbesondere angetrieben von seinem ältesten Sohn *Duryodhana*, sie nicht mehr an *Yudhishthira* zurückgeben. So entsteht immer wieder Streit zwischen den sich als *Kauravas* bezeichnenden Söhnen *Dhritarāshtras* und den Söhnen *Pāndus*, die sich *Pāndavas* nennen. Die *Kauravas* stehen in diesem Sinne gleichsam auf der bösen Seite, während die *Pāndavas* als die Mitglieder der Familie gelten, die als rechtmäßige Thronfolger für das Gute und das Recht eintreten.

Es ist dann immer wieder *Duryodhana,* der mit fast besessener Gier nach Macht den Konflikt von einer Runde in die nächste treibt. Auch die Aufteilung der Macht zwischen *Kauravas* und *Pāndavas* führt nicht zum Frieden. Als sich *Yudhishthira* auf ein später legendär gewordenes Würfelspiel mit den *Kauravas* um die Gesamtherrschaft einlässt und dieses verliert, scheint der Konflikt zu Gunsten der *Kauravas* entschieden. *Dhritarāshtra* wandelt jedoch den Verlust der Macht der *Pāndavas* in eine Strafe ab. Die *Pāndavas* sollen sich zwölf Jahre lang ins Exil begeben, sich danach für ein dreizehntes Jahr unerkannt in der Gesellschaft aufhalten, um dann die Macht zurückerhalten zu können.

Die *Kauravas* rechnen zunächst nicht damit, ihre Verwandten je wiederzusehen. Die *Pāndavas* erfüllen jedoch alle Aufgaben, kommen nach insgesamt dreizehn Jahren zurück, fordern die Einlösung des Versprechens und es kommt, wie es kommen muss. Erneut verweigern die *Kauravas* die den *Pāndavas* zustehende Thronfolge. Als dann auch die Vermittlungsversuche *Krishnas* scheitern, kommt es zur alles entscheidenden Schlacht auf dem *Kurukshetra.*

Die ‚bösen' *Kauravas* zeigen im Laufe dieser Schlacht immer wieder auch gute Eigenschaften, während die ‚guten' *Pāndavas* zu List und Lüge greifen. Letztendlich wird die Schlacht sogar jenseits jeglicher Kriegerehre erst durch eine bewusste Lüge *Yudhishthiras* zu Gunsten der *Pāndavas* entschieden. Die Schlacht auf dem *Kurukshetra* gilt bis heute als das grausamste Schlachtgemetzel, das je in der indischen Literatur beschrieben wurde. Die meisten der Helden kommen dabei um. Trotz zahlenmäßiger Überlegenheit fällt zuletzt auch *Duryodhana* und die *Pāndavas* können *Yudhishthira* zum rechtmäßigen König krönen. Am Ende siegen nach vielen Intrigen und Wendungen die *Pāndavas* über die *Kauravas* und somit das Gute über das Böse.

*Die Grundfrage nach dem guten Handeln*

Die *Bhagavadgītā* ist nun im 6. Buch des *Mahābhārata* unmittelbar vor Beginn der großen Schlacht in den Erzählverlauf eingeschoben. Im ersten Kapitel der *Bhagavadgītā* schildert der Erzähler *Samjaya* dem blinden König *Dhritarāshtra*, wie sich *Pāndavas* und *Kauravas* zusammen mit all ihren Bundesgenossen kampfbereit auf dem Schlachtfeld aufgestellt haben. *Samjaya* beschreibt in allen Einzelheiten, wie die Krieger auf beiden Seiten in ihre Muschelhörner und Trompeten blasen, die Pauken anschlagen, um so durch den Lärm die Kampfeslust zu wecken. Nach den Worten *Samjayas* entsteht auf dem *Kurukshetra* ein Getöse, das Himmel und Erde erdröhnen lässt.

Als schon die ersten Wurfgeschosse auf die gegnerischen Seiten fliegen, richtet sich der Blick des Erzählers auf nur einen Streitwagen auf der Seite der *Pāndavas*, der mitten auf das Schlachtfeld fährt. Es ist der Streitwagen von *Yudhishthiras* jüngstem Bruder *Arjuna* mit seinem Wagenlenker *Krishna. Arjuna* hat *Krishna* gebeten, seinen Wagen zwischen die Fronten der beiden Heere zu fahren, um einen besseren Blick auf die Gegner werfen zu können. Als er nun nicht nur seinen Cousins, vielen seiner Verwandten und letztendlich sogar seinem Waffenlehrer *Drona* in die Augen blicken kann, die sich alle auf der Seite der Gegner aufgestellt haben, wird er plötzlich von Mitleid und Zweifel erfasst. Mit eindringlichen Worten muss *Arjuna* nun *Krishna* eingestehen:

*Meine Glieder ermatten und der Mund trocknet aus. Ein Schauder geht mir durch meinen Körper und die Haare stehen mir zu Berge.*
*(Bhagavadgītā 1.29)*

Verzweiflung greift in seinem Denken und Fühlen um sich, so dass er unfähig wird, zu handeln oder irgendeinen klaren Gedanken zu fassen. Die *Bhagavadgītā* beginnt mit der Schilderung der Krise *Arjunas*, die jedoch nicht nur als Krise des Protagonisten, sondern als Krise aller Krisen verstanden werden kann. Eine Krise ist beschrieben, in der nicht nur das Leben der Krieger auf dem Schlachtfeld auf dem Spiel steht, sondern auch das Leben aller Menschen. Alles ist in Frage gestellt. Letztlich geht es nicht nur um die Erschütterung des *Arjuna*, sondern um die Erschütterung des Menschen schlechthin.

Zu Beginn der *Bhagavadgītā* ist in diesem Sinne eine Situation beschrieben, wie sie extremer kaum zu denken ist. Wenn er kämpft, tritt *Arjuna* für das Gute ein. Er würde so jedoch ihm nahestehende Menschen töten müssen. Die Alternative zum Kampf wäre der Rückzug, was gleichzeitig aber auch den Rückzug von der guten Sache bedeuten würde. Wie aber soll der Mensch in solch absolut auswegloser Situation gut handeln? Wenn es möglich wäre, die einzig richtige Antwort auf diese Frage zu geben, würden sich auch alle anderen Fragen nach dem guten Handeln in weniger schwierigen Situationen beantworten lassen.

Letztendlich ringt sich *Arjuna* im zweiten Kapitel der *Bhagavadgītā* dazu durch, sich an seinen Wagenlenker *Krishna* mit der Bitte um Hilfe zu wenden:

*Ich bitte dich, Krishna, sage mir: Was soll ich tun? Ich bin dein Schüler, bitte lehre mich.*
*(Bhagavadgītā 2.7)*

Die Grundfrage nach dem guten Handeln in der Welt ist gestellt. Zusammen mit der von *Krishna* gegebenen Antwort werden im Folgenden auch die wichtigsten Lehren der hinduistischen Religionswelt entwickelt.

*Der Svadharma als Kastenpflicht*

Die hinduistische Antwort auf die Frage nach dem guten Handeln ist dabei mit nur einem Begriff auf den Punkt gebracht: *Svadharma*, wörtlich zu übersetzen mit das ‚eigene (*sva*) Gesetz (*dharma*)'. Bis auf den *Veda* als dem Urtext des Hinduismus geht der Glaube zurück, dass der Kosmos dem *Dharma*, einem göttlichen Gesetz, folgt. Durch den *Dharma* sind grundlegend Gut und Böse festgelegt. *Die Bhagavadgītā* spricht dann nicht nur vom *Dharma*, also dem Gesetz, sondern vom *Svadharma*, dem ‚eigenen Gesetz'. Das eigene Gesetz des *Svadharma* gilt nicht für alle gesellschaftlichen Gruppen in gleicher Weise. Die hinduistische Gesellschaft ist in Kasten geordnet, wobei jeder Kaste ihr eigenes Gesetz von Gut und Böse gegeben ist.

Wenn *Krishna* auf die Frage *Arjunas* antwortet, er solle seinem *Svadharma* folgen, so bedeutet dies nach hinduistischem Verständnis: Folge deinem *Svadharma* als den Geboten und dem Gesetz deiner eigenen Kaste! Komme deiner Kastenpflicht nach! So ist es die Kastenpflicht der obersten Kaste der Priester (*brahmana*), die heiligen Lehren zu studieren und die Opferrituale durchzuführen. Die Kriegerkaste (*kshatriya*) soll für die gute Sache kämpfen und regieren. Die dritte Kaste der Händler und Bauern (*vaishya*) hat Handel zu treiben und Nahrung zu produzieren, während der *Svadharma* der vierten Kaste der Diener (*shūdra*) im Verrichten der niedrigen Arbeiten besteht.

Für *Arjuna* als Mitglied der Kriegerkaste gehört es zur Pflicht, nicht nur für das Recht einzutreten, sondern es auch, wenn es nötig ist, mit Waffengewalt durchzusetzen. Nach der Erzählung des *Mahābhārata* steht *Arjuna* tatsächlich auf der Seite des Rechts, da nicht den *Kauravas*, sondern den *Pāndavas* die Königsherrschaft zusteht. Nach den Worten *Krishnas* gibt es für ein Mitglied der Kriegerkaste sogar nichts

Besseres als den rechtmäßigen Kampf. So lautet die hinduistische Antwort auf die von *Arjuna* gestellte Frage nach dem guten und richtigen Handeln: Als Mitglied der Kriegerkaste ziehe in die Schlacht und kämpfe für das Recht!

*Svadharma* als Kastenpflicht beruht dabei nicht auf einer gesellschaftlichen Konvention oder auf einem von einer weltlichen Institution festgelegten Gesetz. Es handelt sich um eine religiöse Pflicht, die nach den Worten *Krishnas* in den heiligen Schriften des Hinduismus mit göttlicher Autorität offenbart wurde:

*Deshalb sollen dir die heiligen Schriften die Richtschnur sein für die Entscheidung, was zu tun ist und was nicht zu tun ist.*
*(Bhagavadgītā 16.24)*

Wenn in den heiligen Schriften Gottes Wille offenbar wurde, so vermag *Arjuna* durch das Befolgen des göttlichen Gesetzes sein Handeln nach Gottes Willen auszurichten und somit religiös gut und richtig zu entscheiden.

*Das Prinzip von Belohnung und Bestrafung*

Nur weil die Gebote und Verbote in den heiligen Schriften stehen, heißt dies jedoch noch lange nicht, dass sich die Menschen danach richten. Alle Religionen beschreiben neben den Geboten auch die Folgen, die mit dem Beachten oder dem Übertreten der Gebote eintreten. Gebote sind immer verbunden mit Belohnung oder Bestrafung. So verkündet auch *Krishna* als hinduistischer Gott seinem Schüler *Arjuna*:

*Und durch solche Gelegenheit die Himmelstür geöffnet, sind die Mitglieder der Kriegerkaste glücklich über die Möglichkeit zu einem solchen Kampf, oh Sohn der Prithā. Aber wenn du diesen rechtmäßigen Kampf nicht kämpfen wirst, wenn du deine Kastenpflicht und Ruhm aufgegeben hast, dann wirst Übles du erfahren.*
*(Bhagavadgītā 2.32-33)*

Um *Arjuna* dazu zu bringen, seiner Kastenpflicht nachzukommen, verspricht *Krishna* ihm für das Befolgen der Gebote Ruhm und Ehre, bei Missachtung droht er, dass ihm Übles widerfahren werde. Wenn *Arjuna* im Kampf getötet werden sollte, so kann *Krishna* ihm doch versichern, dass er nach seinem Tod mit dem Himmel belohnt werde. *Krishna* folgt so der altindischen Kriegerethik, nach der der Tod in der Schlacht den Krieger direkt in den Himmel bringt.

*Die religiöse Legitimierung der Kastenordnung*

Letztendlich geht es insbesondere in den ersten beiden Kapiteln der *Bhagavadgītā* nicht nur um die Forderung *Krishnas* an *Arjuna*, seiner Pflicht als Mitglied der Kriegerkaste nachzukommen. *Arjuna* wurde hier auch zum Vorbild für alle anderen Hindus, ihren Platz in der Hierarchie der Kastenordnung und ihr vorgegebenes Schicksal zu akzeptieren.

Schon zur Zeit des *Veda* hatte sich die Gesellschaft Indiens in Ständen organisiert. Jedoch erst zur Entstehungszeit der *Bhagavadgītā* verfestigten sich die Stände und es entstand das Gesellschaftssystem von in sich geschlossenen Kasten.

So warnt *Arjuna* im ersten Kapitel vor der Vermischung der Kasten, indem er sich auf die heiligen Schriften beruft:

*... Sind die Frauen sittenlos, oh Vārshneya, entsteht die Vermischung der Kasten. Die Vermischung ist der Weg zur Hölle für die Familienzerstörer wie auch für die Familie selbst. ....*
*(Bhagavadgītā 1.41-42)*

Die Kastenordnung kann nur bestehen, wenn der sexuelle Kontakt unter den verschiedenen Gesellschaftsschichten verboten ist und als Sünde gilt. Interessanterweise wird die Schuld an einem zu der Vermischung der Kasten führenden sündhaften Verhalten wieder vor allem auf der Seite der Frauen gesehen. In dieser einseitigen Sichtweise scheint sich die *Bhagavadgītā*, zumindest an dieser Stelle, nicht von der patriarchalen Grundhaltung anderer Religionen zu unterscheiden.

Abschließend wiederholt *Arjuna* noch einmal, was denjenigen widerfahren wird, die die Kastenordnung nicht respektieren:

*Den Menschen, welche die Gesetze (dharma) der Familie abgeschafft haben, oh Janārdana, ist ein Platz in der Hölle gewiss, so wurde uns überliefert.*
*(Bhagavadgītā 1.44)*

Jedem, der gegen die Kastenordnung verstößt, ist nach dem Tod die Hölle gewiss. Durch Sätze wie diesen avancierte die *Bhagavadgītā* zu einer der wichtigsten heiligen Schriften zur religiösen Legitimierung des hinduistischen Kastensystems. So konnte sich das hierarchische Denken tief in die Seele des hinduistischen Glaubens einbrennen.

Im 20. Jahrhundert wurde das Kastensystem nach weltlichem Gesetz in der indischen Republik abgeschafft. Trotzdem akzeptieren, vor allem in den ländlichen Regionen Indiens, bis heute die niedrigen gesellschaftlichen Schichten ihr *Svadharma* des Dienens. Höhere Gesellschaftsschichten sehen sich zum Herrschen geboren. Viele gläubige Hindus nehmen bis heute ihr vorgegebenes Lebensschicksal an, und dies mit von außen kaum nachzuvollziehender Selbstverständlichkeit.

*Parallele Vorstellungen in der westlichen Kultur*

Dem westlichen Leser mag es bei der Beobachtung der hinduistischen Schicksalsgläubigkeit nicht immer leichtfallen, ein aufkommendes Gefühl der kulturellen Überlegenheit zu unterdrücken. Hilfreich ist es hier, sich zu vergegenwärtigen, dass auch in Europa noch im 20. Jahrhundert insbesondere Frauen noch dazu aufgefordert wurden, sich in die von Gott vorgegebene Ordnung einzufügen, sich ihrem Ehemann unterzuordnen und Kinder und Haushalt zu versorgen. Es ist noch nicht lange her, dass sich auch im Abendland Frauen das Recht mühsam erkämpfen mussten, ohne Zustimmung ihres Ehemannes selbständig einen Beruf wählen zu können. Selbst das Wahlrecht für Frauen wurde in den westlichen Ländern erst im Laufe des 20. Jahrhunderts eingeführt. Wie in den hinduistisch geprägten Teilen der *Bhagavadgītā* beriefen sich die Herrschenden auf eine von Gott vorgegebene göttliche Ordnung, nach der Frauen das Dienen und den Männern das Herrschen vorherbestimmt sei. Im Unterschied zu Indien wurden diese hierarchischen Gesellschaftsstrukturen jedoch nie in einem grundlegenden heiligen Text wie der *Bhagavadgītā* so umfassend dargelegt und göttlich legitimiert.

*Die Entstehung des Glaubens an Wiedergeburt*

Während man in den älteren Texten des *Veda* noch davon ausging, dass die Menschen je nach ihrer Lebensführung entweder in den Himmel oder die Hölle kommen, entstand gegen Ende des vedischen Zeitalters ein grundlegend neuer Glaube über das Leben nach dem Tod. Man fragte sich, ob der Himmel, wenn immer mehr Menschen starben, nicht irgendwann einmal voll sein müsste. Die erlösende Antwort war die Lehre von der Wiedergeburt. Selbst wenn Menschen nach dem Tode in himmlische Welten gelangten, mussten die auf Erden erarbeiteten Belohnungen irgendwann aufgebraucht sein. Die Seele kehrte dann mit neuem Körper in die irdische Welt zurück.

*Wiedergeburt als Kreislauf des Todes*

Wenn in den ältesten Texten die Wiedergeburt noch als Antwort verstanden wurde, warum der Himmel nicht voll wurde, entwickelte sich später ein grundlegend anderes Verständnis von Wiedergeburt als Strafe. Es ist diese in der

Geschichte des Hinduismus später entstandene Vorstellung von Wiedergeburt im Sinn von *Samsāra*, auf die sich *Krishna* an anderer Stelle bezieht:

*Die Menschen, die diesem Gesetz (dharma) nicht vertrauen, oh Vernichter der Feinde, gelangen nicht zu mir und kehren zurück in den Kreislauf des Todes und der Wiedergeburten (samsāra).*

*(Bhagavadgītā 9.3)*

Der Sanskritbegriff *Samsāra* versteht den Kreislauf als ein immer wieder erneut erfolgendes Sterben, in dem der Mensch von einem leidvollen Leben zum nächsten getrieben wird. Wer im *Samsāra* gefangen ist, gelangt nach dem leiblichen Tod nicht zu *Krishna*. Ihm wird die Erlösung des göttlichen Seins verwehrt.

In die *Bhagavadgītā* wurden somit zwei unterschiedliche Lehren des Glaubens an das Leben nach dem Tode aufgenommen, der Glaube an Himmel und Hölle steht hier noch dicht neben dem Glauben an ein Leben in Gott und die Rückkehr in den Kreislauf des Todes.

*Wiedergeburt als Seelenwanderung*

In der hinduistischen Kultur wurde dann vor allem eine weitere Form des Glaubens an Wiedergeburt wichtig, die als Seelenwanderung bezeichnet werden kann. *Krishna* benutzt diese Lehre, um vor allem den Unterschied zwischen dem vergänglichen Körper und einer ewigen Seele deutlich zu machen. Um auch seine letzten Bedenken zu zerstreuen, versichert *Krishna Arjuna*, dass er zwar im Kampf die Körper seiner Verwandten und Lehrer, nie jedoch ihre ewigen Seelen töten könne:

*Wie die Menschen in diesem Leib Kindheit, Jugend, Alter durchleben, so erlangen sie auch einen anderen Körper ... Als einmal ein Ende habend gelten diese Körper als Stätten der*

*ewigen Seele, der unzerstörbaren, unermesslichen; daher kämpfe, oh Bhārata!*
*(Bhagavadgītā 2.13 u. 2.18)*
Die Körper des Menschen durchleben Kindheit, Jugend und Alter und werden letztlich sterben. Im Unterschied zum Körper ist dagegen die Seele des Menschen ewig und unzerstörbar. Das Wandern der Seele von einer Geburt zur nächsten kann dabei mit dem Wechseln der Kleidung verglichen werden:
*Wie ein Mann die abgenutzten Kleider ablegt und andere, neue nimmt, so legt die Seele die verbrauchten Körper ab und tritt in andere, neue ein. Nicht zerschneiden sie die Schwerter.*
*(Bhagavadgītā 2.22-23a)*
Wie alle menschlichen Körper müssen auch die Körper seiner Gegner irgendwann einmal vergehen. Ihre Seele ist dagegen ewig und kann nicht getötet werden. Wenn aber die Seelen seiner Verwandten und Lehrer sich wieder neu inkarnieren und in einem neuen Körper weiterleben können, müsse sich *Arjuna* keine Sorgen machen, wenn er seine Verwandten und Lehrer mit dem Schwert spaltet und tötet.

Der Glaube an eine ewige und unzerstörbare Seele des Menschen sollte vielen Gläubigen in Ost und West Hoffnung und Sicherheit geben. Textstellen wie diese förderten gleichzeitig auch die Vorstellung von der Wertlosigkeit des vergänglichen Körpers. Die *Bhagavadgītā* mag so ihren Teil dazu beigetragen haben, dass sich in weiten Teilen des Hinduismus die Vorstellung von der Bedeutungslosigkeit des Körpers wie des irdischen Lebens schlechthin verbreitete.

*Eingehen in Krishna nach dem leiblichen Tod*

Während dem Menschen, der sich nicht an die göttlichen Gebote hält, die Hölle oder eine neue Geburt in der Welt droht, winkt dem Gläubigen nach dem Tod des Körpers das Eingehen in das göttliche Sein. So erklärt *Krishna*:

*Und wer zur Todesstunde allein an mich sich erinnert, wenn er den Körper verlassend stirbt, der gelangt zu meinem Sein, darüber gibt es keinen Zweifel.*
*(Bhagavadgītā 8.5)*

Kein Mensch vermag in jeder Sekunde seines Lebens alle Gebote zu befolgen. Entscheidend ist, mit welcher Haltung der Gläubige stirbt. Noch zur Todesstunde ist Bekehrung möglich. Wer sich noch in der Todesstunde an *Krishna* als die höchste, letzte und gründende Gottheit erinnert, dem winkt das ewige Leben in Gott. Es ist dieser Vers aus dem 8. Kapitel der *Bhagavadgītā*, der bis heute im Hinduismus Sterbenden ins Ohr geflüstert wird, um so ihr Eingehen in die göttliche Welt nach dem Tod zu bewirken.

Mit der Lehre von den *Avatāren Vishnus*, der Ethik des *Svadharma* als Kastenpflicht, der Gesellschaftsordnung des Kastensystems, der Lehre vom Kreislauf der Wiedergeburten und dem Eingehen in das göttliche Sein nach dem Tode sind in der *Bhagavadgītā* viele der bedeutendsten Lehren der hinduistischen Religionswelt einfach und klar in einem lebendigen Dialog dargestellt. Die Rede von der *Bhagavadgītā* als der Bibel des Hinduismus erscheint somit nicht unberechtigt. Wie kaum eine andere heilige Schrift konnte gerade die *Bhagavadgītā* die Ausformung des Hinduismus der letzten 2 000 Jahre maßgeblich prägen.

*Die religiöse Legitimierung des Krieges*

Der hier erfolgte kurze Abriss der hinduistischen Lehren der *Bhagavadgītā* sollte jedoch nicht verschweigen, dass es gerade diese Lehren waren, die immer wieder auch missbraucht werden konnten. So gilt mit dem Reichsführer SS Heinrich Himmler einer der führenden deutschen Nationalsozialisten als großer Verehrer der *Bhagavadgītā*. Wenn man nach der *Bhagavadgītā* selbst Freunde, Lehrer und Verwandte töten durfte, wenn es nur um die richtige Sache ging, konnte der eigene Krieg als gerechter Krieg legitimiert werden. Auch die fanatischen *Hindutva*-Anhänger im heutigen Indien meinen sich auf die *Bhagavadgītā* stützen zu können, wenn sie den Kampf um die Vorherrschaft des Hinduismus gegenüber den anderen Religionen begründen. In dieser Weise entwickelte sich die *Bhagavadgītā* zum bevorzugten religiösen Text der hinduistischen Nationalisten.

Bis in die Gegenwart hinein stand die *Bhagavadgītā* immer in der Gefahr, zur Legitimierung der Kriegsführung missbraucht zu werden. Wie in allen Kriegen die kriegsführenden Parteien die andere Seite als das Böse betrachten, so gingen auch die *Kauravas* auf der einen Seite und die *Pāndavas* auf der anderen Seite jeweilig davon aus, für das aus ihrer Sicht Gute einzutreten. Beide sahen das Böse auf der anderen Seite, das es zu bekämpfen gelte. Wer in der großen Erzählung des *Mahābhārata* die Guten sind und wer die Bösen, das war vom Erzählverlauf von vorneherein festgelegt. Das menschliche Leben folgt in seiner Vielschichtigkeit jedoch nie dem Erzählverlauf eines Epos.

Wenn die eigenen Werte und Gebote als die einzig wahren gelten und die Werte des Gegners als das Böse, steht die Lehre des *Svadharma* als Kastenpflicht schnell in der Gefahr, als Persilschein der Kriegsführung missbraucht zu werden. Man meint einem allgemeingültigen, göttlichen Gesetz zu folgen. Letztendlich geht es jedoch nur darum, das eigene Verständnis von Recht und Ordnung durchzusetzen. In den Krieg zu ziehen, gilt als Erfüllung einer göttlichen Pflicht.

So wird es möglich, jedes Mittel zu rechtfertigen, was auch die Tötung des Gegners für den angeblich gerechten Kampf einschließt. Kriege wurden in der Geschichte der Menschheit immer dann besonders grausam geführt, wenn beide Gegner jeweilig glaubten, eine göttlich legitimierte Ordnung mit Waffengewalt durchsetzen zu müssen. Kriegerische Auseinandersetzungen wurden zu heiligen Kriegen, wenn die Kämpfer davon ausgehen konnten, dass Gott auf ihrer Seite stand und sie bei Verlust des eigenen Lebens direkt in den Himmel auffahren würden.

*Arjuna* entschließt sich mit dem Ende der *Bhagavadgītā,* der göttlichen Pflicht zu folgen und in den Kampf zu ziehen. Im weiteren Erzählverlauf des *Mahābhārata* wird eine Schlacht beschrieben, in welcher die meisten Protagonisten der *Pāndavas* wie auch der *Kauravas* umkommen. So weit ist jedoch nur der hinduistische Teil in den Blick genommen. Das Entscheidende kommt noch. Die *Bhagavadgītā* gilt als Bibel der Hindus, gleichzeitig aber auch als einer der bedeutendsten Texte des Yoga. Und dieser Yoga der *Bhagavadgītā* bedeutet eine Revolution.

## 2. Die Revolution des Yoga

*Die Inklusion der Religion*

Wenn hier von Revolution gesprochen wird, so besteht die revolutionäre Haltung des Yoga der *Bhagavadgītā* gegenüber den hinduistischen Lehren der *Bhagavadgītā*. Allerdings geht es um keine Revolution, wie dies die westliche Leserschaft bei der Verwendung des Begriffs Revolution erwarten würde. Tatsächlich handelt es sich um keine Revolution, welche die alte religiöse Ordnung zerstören will. Das Gesetz des *Veda* und die Gebote des Hinduismus werden nicht einmal abgelehnt oder verurteilt, wenn im 8. Kapitel zu lesen ist:

*Was auch für Vedastudium, Opfer, Buße und Gaben an Früchten verheißen wird, über das alles hinaus gelangt der*

*wissende Yogī, der den höchsten, ursprünglichen Zustand erreicht hat.*
*(Bhagavadgītā 8.28)*
Dem hinduistischen Gläubigen wird durchaus zugestanden, für das *Veda*-Studium, die dargebrachten Opfer, Bußübungen und Spenden den Lohn erlangen zu können, den er durch seine religiöse Praxis erstrebt und dessentwegen er seine täglichen Rituale durchführt. All dies, was dem Hindu als heilig und verehrenswert gilt, was das Zentrum seiner Religion ausmacht, ist dem *Yogī* jedoch nicht genug.

Die Revolution des Yoga bekämpft nicht, sondern schließt in einer Art Inklusion die althergebrachten religiösen Strukturen mit ein. Was das konkret bedeutet, zeigt das Gleichnis vom überfluteten Brunnen:
*Was an Nutzen in einem Brunnen liegt, in den von allen Seiten Wasser sich ergießt, so viel liegt in allen Veden für einen kundigen Brahmanen.*
*(Bhagavadgītā 2.46)*
Dem wasserspendenden Brunnen wird im tropischen Indien traditionell eine besondere Bedeutung beigemessen. Am Wasser eines Brunnens hängt das Leben jedes Einzelnen wie auch der ganzen Gemeinschaft. Wenn nun der *Veda* mit einem wasserspendenden Brunnen verglichen wird, so scheint auf den ersten Blick die besondere Bedeutung hinduistischer Religion betont. Welche Bedeutung ist jedoch dem Brunnen des *Veda* beizumessen, der von den Wassermassen yogischer Spiritualität von allen Seiten überflutet ist? Der *Veda* wird durch die Revolution des Yoga zwar nicht weggespült, jedoch überflutet und somit nutzlos. Yoga hat als spiritueller Weg etwas zu bieten, das unendlich viel mehr bedeutet als all die irdischen und himmlischen Schätze, die der Hindu durch die Ausübung seiner Religion zu erstreben sucht.

*Der Svadharma der inneren Bestimmung*

Die hinduistische Antwort auf *Arjunas* Frage nach dem guten Handeln lautete: Folge deinem *Svadharma*, folge den Geboten deiner eigenen Kaste. Das Befolgen der in den heiligen Schriften offenbarten Kastengesetze sollte sich lohnen. *Krishna* verspricht reichliche Belohnung in diesem Leben oder im Himmel nach dem Tode, bei Missachtung droht er mit schrecklicher Strafe.

Nun mag es sehr verwundern, dass auch die Antwort des Yoga mit den gleichen Worten wiedergegeben ist: Folge deinem *Svadharma*. Dies überrascht umso mehr, wenn eben von der Revolution des Yoga in der *Bhagavadgītā* gesprochen wurde. Dass der Begriff *Svadharma* sowohl in den hinduistischen Teilen der *Bhagavadgītā* als auch in den Texten des Yoga im Zentrum steht, hat zu vielen Missverständnissen geführt. Hinduismus und Yoga verwenden zwar mit *Svadharma* das gleiche Wort, doch geht es jeweilig um etwas grundlegend anderes. Auch beim Wasser eines Brunnens und dem Wasser der Flut, die diesen Brunnen überschwemmt, handelt es sich in beiden Fällen um Wasser. Und doch könnte der Unterschied kaum größer gedacht werden.

Der Hinduismus versteht unter *Svadharma* das in den Schriften offenbarte eigene Gesetz der Kasten, das der Hindu zu befolgen hat. Yoga geht als spiritueller Weg jedoch davon aus, dass jedem einzelnen Menschen eine innere Bestimmung zukommt, die in keiner noch so heiligen Schrift nachgelesen werden kann. Dieses yogische *Svadharma* als innere Bestimmung kann und muss jeder Mensch in sich selbst entdecken.

*Handeln unabhängig von Erfolg wie auch Misserfolg*

Damit die gläubigen Hindus ihr *Svadharma* der Kastenpflicht erfüllen, versprechen die Schriften Belohnung und drohen mit Bestrafung. Dies ist für ein Leben aus der inneren

Bestimmung nicht notwendig. Erfolg wie auch Misserfolg spielen für den aus der Kraft seiner inneren Bestimmung handelnden *Yogī* keine Rolle:

*Die innere Bestimmung (svadharma), wenn auch erfolglos ausgeführt, steht höher als das gut ausgeführte Gesetz (dharma) eines anderen.*
*(Bhagavadgītā 3.35)*

Der Wert einer Handlung wird normalerweise an ihrem Erfolg gemessen. Ganz entgegen der allgemeinen Meinung, dass Erfolg besser sei als Misserfolg, lehnt *Krishna* im Sinn des Yoga beides als Maßstab für gutes oder schlechtes Handeln ab. Handeln aus der inneren Bestimmung ist nicht deswegen gut, weil es dem Handelnden Lohn und Erfolg bringt, und nicht deswegen schlecht, weil es ihm keinen Vorteil verschafft. Ein grundlegend neues, revolutionäres Denken wird notwendig.

Aus dem *Svadharma* als der inneren Bestimmung zu handeln, ist aus sich heraus gut, unabhängig davon, ob das Handeln mit Erfolg belohnt wird oder misslingt. Für den inneren *Svadharma* ist keine äußere Motivation notwendig. Man handelt nicht wegen einer Belohnung oder aus Furcht vor Bestrafung, sondern aus der Einsicht und der Kraft innerer Notwendigkeit, unabhängig vom Ergebnis. Folge deinem *Svadharma* im Sinne des Yoga heißt, folge deiner inneren Bestimmung. Höre auf das innere Gesetz deiner ureigenen Aufgabe in dieser Welt, unabhängig davon, ob du Erfolg hast oder Misserfolg, und du handelst gut im ursprünglichen Sinn des Wortes.

Wenn *Krishna* dazu auffordert, nicht dem *Dharma* eines anderen zu folgen, gilt es, nicht den Idealen anderer nachzustreben, sondern das eigene Ideal zu erkennen. Es gilt, sich nicht mit anderen zu vergleichen, die vielleicht erfolgreicher sind, und zu versuchen, sie nachzuahmen. Es ist nur natürlich, andere Menschen nachzuahmen, die mit ihrem Handeln Erfolg hatten. Es ist dann durchaus auch möglich, den gewünschten Erfolg zu erlangen. Man folgt jedoch nur der ‚Bestimmung eines anderen' und geht am Entscheidenden der eigenen Lebensaufgabe vorbei. Viel wichtiger als der äußere Erfolg ist es, nicht den Platz eines anderen einzunehmen, sondern den eigenen Platz in der Welt zu finden, für den jeder einzelne Mensch geschaffen ist.

*Die Loslösung von den Früchten des Handelns*

Wenn Erfolg und Misserfolg für gutes Handeln keine Rolle mehr spielen, rückt mit *karma-phala-tyāga* einer der wichtigsten Fachbegriffe des Yoga der *Bhagavadgītā* in den Fokus, die ‚Loslösung von den Früchten des Handelns':

*Das Aufgeben von durch Begierde (kāma) erzeugten Handlungen verstehen die Weisen als Entsagung (samnyāsa). Die Loslösung von allen Früchten des Handelns (karma-phala-tyāga) nennen die Einsichtigen die wahre Loslösung (tyāga). (Bhagavadgītā 18.2)*

Traditionell wird zwischen den in der Welt lebenden Hindus und den der Welt entsagenden Asketen unterschieden. Die weltlichen Menschen können durch das Befolgen der Kastengebote diesseitige oder jenseitige Früchte ihres Handelns erlangen. Die Asketen entsagen dem Leben in der Kastenordnung, ziehen als bettelnde Wanderasketen durch die Welt in der Hoffnung, nach ihrem Tod in die Ewigkeit eingehen zu können.

Die Revolution des Yoga strebt nun weder ein weltliches Leben in der Gesellschaft noch das Dasein als *Samnyāsin*, als Wanderasket an. Trotzdem geht es im Yoga um *Samnyāsa*, das heißt um Entsagung. Wie beim Begriff *Svadharma* nimmt auch *Samnyāsa* im Kontext des Yoga eine grundlegend andere Bedeutung an. Entsagung im Sinn des Yoga meint keine äußere Entsagung, sondern das Aufgeben der inneren Begierde (*kāma*). Der *Yogī* handelt nicht deswegen, weil ihm diesseitige Früchte versprochen werden. Ihm geht es auch nicht darum, jenseitige Früchte zu erlangen. Im Yoga geht es um eine grundsätzliche Loslösung, eine Unabhängigkeit von allen Früchten des Handelns in dieser oder einer jenseitigen Welt.

*Handeln in geistiger Gleichmut*

Wenn sich der Mensch auf diesen Weg der inneren Askese einlässt, beginnt sich alles ‚Anhaften' (*sanga*) aufzulösen, das Erstreben von Erfolg wie auch das Abwehren von Misserfolg. So im Yoga verankert wird es möglich, den inneren *Svadharma* als eine neue geistige Haltung zu leben, die im zweiten Kapitel der *Bhagavadgītā* mit nur einem Wort auf den Punkt gebracht wird:

*Im Yoga verankert (yogastha) handle, alle Anhaftung (sanga) aufgegeben habend. Erfolg und Misserfolg nimm gleichmütig auf: Geistige Gleichmut (samatvam), das wird Yoga genannt. (Bhagavadgītā 2.48)*

Mit den Worten ‚geistige Gleichmut, das wird Yoga genannt - *samatvam yoga ucyate*' begegnen wir einer der berühmtesten Definitionen des Yoga. Die Entscheidungen des in geistiger Gleichmut lebenden Menschen sind nicht mehr gebunden an die individuellen Vorteile oder Nachteile, Belohnungen oder Strafen. Wenn das Handeln nicht mehr vom Erfolg oder Misserfolg abhängig ist, beginnt sich das Leben von der von außen auferlegten Verpflichtung zu einem Handeln aus der Kraft eines inneren Bedürfnisses zu wandeln.

Alles wird stimmig. Die Kraft der inneren Bestimmung gibt jetzt den Antrieb im Leben und zeigt die Richtung auf. Verankert im Yoga kommt es nicht mehr darauf an, zahllose Möglichkeiten zu haben und manchmal so vor lauter Bäumen den Wald nicht mehr sehen zu können. Im Sinne des Yoga ist der

Mensch nicht frei, wenn er alles machen kann. Freiheit bricht auf, wenn die eine Möglichkeit gefunden wurde. Eine Möglichkeit reicht, wenn es die richtige ist. Es wird möglich, nach dem eigenen Gesetz des *Svadharma* zu handeln und so das im Hier und Jetzt Notwendige zu tun.

*Die Unbewusstheit für die innere Bestimmung*

Während die Kastengesetze von jedem in den heiligen Schriften des Hinduismus nachgelesen werden können, gilt dies für den *Svadharma* der inneren Bestimmung nicht. Ganz im Gegenteil: Selbst wenn angenommen wird, dass alle gerne ihrer inneren Bestimmung folgen wollen, so kann der Mensch es im Getriebe des Alltags doch höchstens nur erahnen, was seine eigentliche Aufgabe in dieser Welt sein mag. Meist ist die innere Bestimmung gar nicht bewusst. Die Türe zum wahren Selbst scheint verriegelt, was die *Bhagavadgītā* mit einem anschaulichen Bild zum Ausdruck bringt:

*Denn folgt die Psyche den umherschweifenden Sinnen, reißen diese ihr Bewusstsein weg, wie der Wind das Schiff im Meer. (Bhagavadgītā 2.67)*

Der Mensch gleicht im Alltagsbewusstsein einem Segelschiff auf offenem Meer. Immer will man etwas erreichen, materielle Dinge, Anerkennung, Gewinn und all das andere, was man auch noch haben muss. Man glaubt sein Leben in der Hand zu haben und ist doch an das ständige Haben-Müssen gebunden. Im Alltagsbewusstsein kann man glauben, Herr seines eigenen Lebens zu sein. Jedoch nicht alles, was zu Erfolg führt, eröffnet gleichzeitig auch ein erfülltes Leben. Nicht alles, was als Misserfolg gilt, ist gleichzeitig auch sinnlos. In der heutigen Wohlstandsgesellschaft scheint alles machbar, so dass Misserfolg gar keine Option mehr ist. Aber ist der angestrebte Erfolg immer auch die richtige Option? In allem Machen und Tun ist es doch möglich, am Entscheidenden vorbeizulaufen.

In Wirklichkeit treibt der Mensch wie ein herrenloses Schiff auf dem offenen Meer des Lebens. Manchmal herrscht Flaute, so dass man mehr oder weniger unbewusst dahintreibt. Wenn die umherschweifenden Sinne die Früchte des Handelns in den Blick nehmen, beginnt das Schiff Fahrt aufzunehmen. Manche gehen am Montag zur Arbeit und freuen sich schon auf das kommende Wochenende, an dem sie nicht mehr arbeiten müssen. Anderen erscheint die eigene Arbeit erst dann als sinnvoll, wenn sie durch Geld belohnt wird. Man meint zu leben und wird doch nur gelebt. Je nachdem, aus welcher Richtung der Wind der Abhängigkeit von den Früchten des Tuns weht, wird der Mensch mit ‚umherschweifenden Sinnen' über die Weiten des Meeres getrieben, das Leben oder besser Gelebtwerden heißt.

*Die Ursache für das schlechte Handeln*

Jeder Mensch benötigt in der heutigen Zeit Geld. Selbst die Yogalehrerin braucht Geld, um leben zu können. So kann auch der heutige Yogaunterricht nicht mehr wie im traditionellen Indien ausschließlich auf Spendenbasis aufgebaut sein. Der Vermieter des Yogaraums wird der Yogalehrerin nur verständnislos entgegenblicken, wenn am Ende des Monats die Miete nicht überwiesen werden kann mit der Begründung, die Yogaschüler hätten zu wenig gespendet. Das Problem sind nicht die Dinge der Welt wie Geld, Wohlstand oder Anerkennung, sondern das Anhaften an ihnen.

Dieses Anhaften an den Früchten des Handelns hindert den Menschen nicht nur daran, aus dem inneren *Svadharma* zu handeln. Es gilt auch als Ursache für schlechtes Handeln schlechthin. In diesem Sinn fragt *Arjuna*:

*Von wem denn angespornt handelt der Mensch schlecht, was er doch gar nicht tun will ...?*

*Krishnas* entsprechende Antwort lautet:

*Das ist die Begierde, das ist der Zorn ... Wie von einer Eihaut umhüllt ist der Embryo, so ist hiervon alles verhüllt. (Bhagavadgītā 3.36-38)*

Mit Begierde hängt der Mensch am Erfolg. Mit Zorn und Abneigung tritt er dem Misserfolg entgegen. Mit Begierde und Zorn ist das Bewusstsein nach außen auf die Früchte des Handelns ausgerichtet. Gut ist das, was Erfolg bringt, im Diesseits oder auch im Jenseits. Im Alltagsbewusstsein hält der Mensch das für gut, was den persönlichen Interessen dient. Umgangssprachlich ausgedrückt heißt dies: Gut ist das, was ‚mir etwas bringt'. Das Handeln ist getrieben durch die Gier nach Erfolg, aber auch vom Zorn über Misserfolg. Getrieben von Gier oder Zorn, ist sich der Mensch des ursprünglichen Sinns seines Lebens nicht bewusst und handelt schlecht.

*Krishna* vergleicht das Alltagsbewusstsein mit einem von einer Eihaut umhüllten Embryo. Wie der Blick auf einen Embryo durch die ihn umhüllende Eihaut getrübt ist, so vermag der Mensch im Alltagsbewusstsein nicht das zu erkennen, was seine ureigenste Aufgabe hier in dieser Welt ist. Jeder Mensch ist durch sein *Svadharma* zum Guten berufen. Wenn diese innere Berufung jedoch nicht wahrgenommen werden kann, bleibt nur noch der Blick nach außen. Der Sinn des Lebens wird dann gemessen am Maß des Erfolgs, im hinduistischen Indien am Platz in der Kastenhierarchie, in den modernen an der Leistung orientierten Gesellschaften in Ost und West an der Höhe des Bankkontos oder der Stufe der Karriereleiter.

*Der Weg der Auflösung der Unbewusstheit*

Solange der Mensch meint, alles im Griff zu haben, braucht niemand etwas zu verändern. Erst wenn Zweifel aufkommen, dass mit der Welt des Alltagsbewusstseins noch nicht alles erreicht ist, was den Menschen in dieser Welt ausmacht, könnte der Weg des Yoga in den Blick kommen. Immer wieder wird von plötzlichen Durchbrüchen berichtet, die als Erleuchtungserfahrung gedeutet werden. Im dritten Kapitel der *Bhagavadgītā* macht *Krishna* dagegen deutlich, dass es sich beim Weg des Yoga eher um den Weg eines langwierigen Entwicklungsprozesses handelt, in dem die Bewusstheit für den inneren *Svadharma* wachsen kann. Schritt für Schritt wird der Weg der Lösung von den Anhaftungen an die Früchte des Handelns beschrieben.

*Die Wendung von außen nach innen*

Der erste Schritt des Yogaweges beginnt mit der Wendung von außen nach innen:

*Darum zügle als erstes die Sinne, oh bester der Bhāratas;*
*vom Bösen lass los, dem Zerstörer von Erkenntnis (jnāna) und Unterscheidung (vijñāna).*
*(Bhagavadgītā 3.41)*

Die Sinne sind im Alltagsbewusstsein nach außen gerichtet. Im Hamsterrad von Gier und Zorn ist der Mensch darum bemüht, den persönlichen Erfolg zu mehren und Misserfolg zu vermeiden, so dass er an der Erkenntnis *(jnāna)* dessen vorbeiläuft, was wirklich im Leben zählt. Er kann nicht unterscheiden *(vijñāna)* zwischen dem, was andere ihm als Sinn des Lebens vorgeben, und dem, was seine wahre, innere Bestimmung ausmacht.

Wenn heute manch charismatischer Yogameister seinen Schülern Erleuchtung verspricht, so ist der wahre Schatz innerer Bestimmung von jedem doch selbst zu entdecken. Die Erfahrung des inneren *Svadharma* ist nicht von außen durch einen *Guru* machbar, sondern nur von innen von jedem einzelnen Menschen selbst zu erfahren oder besser zu er-leben.

Seit alters her beginnt so der Yogaweg mit dem Zügeln der

Sinne, die von außen nach innen ausgerichtet werden. Dies hat sich von den ersten Anfängen des Yoga bis zur Gegenwart nicht geändert. Auch heute ziehen sich die Yogaübenden, aus dem Alltagsstress kommend, zunächst auf die Yogamatte und das Sitzkissen zurück, um dann den Blick nach innen zu wenden.

*Vom Körper über die Sinne bis zum Denken*

Nun ist die Voraussetzung der Öffnung für den inneren Prozess der Loslösung geschaffen, wie er Schritt für Schritt beschrieben wird:

*Die Sinne bezeichnet man höher (als den Körper) ...*
*(Bhagavadgītā 3.42a)*

Im Unterschied zum unbelebten, materiellen Körper hat der Mensch Sinne entwickelt. Aus diesem Grund werden die Sinne als höher bezeichnet als der Körper. Der Mensch besteht jedoch noch aus mehr als nur dem Körper und den Sinnen:

*... höher als sie das Denken (manas) ...*
*(Bhagavadgītā 3.42b)*

Noch höher als die Sinne steht das Denken, mit dem man sich sowohl des Körpers und auch der Sinneseindrücke bewusst wird. Die Übersetzung des Begriffs mit dem deutschen Wort Denken reicht jedoch nur ungenügend an die Bedeutung des Sanskritbegriffs *Manas* heran. Im Sinn des englischen Begriffs ‚mind' oder des deutschen ‚Gemüt' meint *Manas* nicht nur Denken, sondern auch Fühlen. Auf dem Weg nach innen wird eine Selbstwahrnehmung kultiviert, die nicht nur mit dem Kopf, sondern auch mit dem Herzen verbunden ist.

*Über das Denken hinaus zur inneren Einsicht*

Um sich weiter nach innen zu öffnen, gilt es nun auch von allem Denken und Fühlen loszulassen:

*... Aber höher als das Denken ist die Einsicht (buddhi). (Bhagavadgītā 3.42c)*

Auch der Sanskritbegriff *Buddhi* lässt sich nur schwer ins Deutsche übersetzen. *Buddhi* geht auf die gleiche Sanskritwurzel wie *Buddha,* der ‚Erwachte', zurück. *Buddhi* meint ein Erkennen, gleichzeitig jedoch aber auch ein Erwachen. Die Erkenntnis, dass 3 + 3 = 6 ist, wäre *Manas* zuzuordnen. Auch das Nachdenken darüber, was ich tun muss, um Erfolg zu haben und Misserfolg zu vermeiden, geschieht auf der Ebene von *Manas*. Gleiches gilt für das freudige Gefühl, das man empfindet, wenn man Erfolg oder Misserfolg hat.

Im Unterschied zum Erkennen und Fühlen auf der Ebene von *Manas* lässt das Erkennen von *Buddhi* von allem Denken los. Dabei geht es keinesfalls um ein Abgleiten in die Irrationalität. Ganz im Gegenteil weist *Buddhi* auf eine höhere Form spiritueller Einsicht. *Buddhi* ist gleichsam das innere Tor, das sich dann öffnet, wenn die Loslösung (*tyāga*) vom Anhaften Wirkkraft gewinnt. *Buddhi* erwacht, wenn sich die innere Gebundenheit an die Früchte des Handelns zu lösen beginnt.

Die Einsicht von *Buddhi* ist nicht herbeizuzwingen. Hier ist nichts zu machen, nichts zu denken und auch nichts zu wollen. *Buddhi* ist nicht herstellbar und entzieht sich auch jeglicher Verfügbarkeit. Ganz nach den Worten von Wilhelm Busch „Wo man am meisten drauf erpicht, grad das bekommt man meistens nicht" verschließt sich dieses innere Tor sofort, wenn die Öffnung mit Willenskraft erreicht werden soll. Die innere Einsicht erwacht ganz unangemeldet gerade dann, wenn der Mensch aufhört, sich selbst zu steuern, wenn der Druck nachlässt, den man sich oft auch selbst macht, wenn man nichts mehr muss, sondern nur noch kann. Das Fortschreiten auf dem Weg des Yoga liegt nun nicht mehr in den Händen der Übenden, sondern geschieht gleichsam wie von alleine, wird wie ein Geschenk empfangen.

*Svadharma als Erkennen des göttlichen Selbst*
Die Einsicht von *Buddhi* eröffnet jetzt die Möglichkeit, weiter nach innen zu lauschen, um nun das Entscheidende in den Blick zu bekommen. In diesem Sinne formuliert die *Bhagavadgītā*:
*Viel höher aber als die Einsicht ist ER.*
*(Bhagavadgītā 3.42d)*
Der letzte Grund der menschlichen Existenz ist ER. Aber wer ist ER? Ist es *Krishna*, *Vishnu* oder ist es das innere Göttliche? Der Text wagt keinen Namen zu nennen, verwendet nicht einmal einen definierenden Begriff, sondern spricht in der Abstraktion eines Pronomens. Wenn in der Erklärung dieser Textstelle doch die Rede von der inneren Stimme Gottes gewählt ist, so spricht Gott hier nicht von außen, sondern von innen. Es geht nicht mehr um die Stimme Gottes, wie sie im *Veda* oder anderen heiligen Texten des Hinduismus formuliert ist. Wenn der Mensch mit dem Lauschen auf die innere göttliche Stimme das hört, was seine innere Bestimmung des *Svadharma* ausmacht, dann liest er nicht in einem heiligen Buch. Er lässt sich seine Lebensaufgabe auch nicht von einem erleuchteten Meister sagen. Gott wird als der innerste Grund menschlicher Existenz erfahren. Das Pronomen ER weist auf die göttliche Stimme im tiefsten Innen. Und diese Stimme sagt, was wirklich zählt in diesem Leben.

Wenn gerade noch von ER die Rede war, so wechselt der Text im folgenden Vers zu dem aus den *Upanishads* stammenden Begriff *Ātman*, dem Selbst:
*Wenn Du das, was höher als die Einsicht ist, erkannt hast, dann stabilisiere das Selbst (ātman) durch das Selbst (ātman).*
*(Bhagavadgītā 3.43)*
Auch im Alltagsbewusstsein lebt der Mensch aus seinem Selbst. Hier erkennt der Mensch sich selbst jedoch nur in

reduzierter Weise. Heute sprechen wir gerne vom Alltagsselbst als dem Ego. Als Ego definiert man sich durch das, womit man sich identifiziert: durch den Erfolg im Beruf, durch den Partner, die Anzahl der Freunde oder auch durch die Größe des Besitzes. Gedeihen diese Früchte des Handelns, zeigt sich das Ego stabil. Vergehen sie, beginnt es zu wanken.

Schritt für Schritt wird nun der Weg des Yoga nach innen gewiesen, wobei kaum ein Weg gemeint sein kann, auf dem Stufe für Stufe eine nach der anderen abgehakt werden kann. Die Stabilisierung des Selbst durch das (wahre) Selbst meint wohl eher einen Prozess, in dem die Gebundenheit des Egos umso mehr abnimmt, desto mehr die Kraft des wahren Selbst zu tragen beginnt. Wenn die innere Stärke kultiviert wird, die unabhängig macht von den Früchten des Erfolgs, kann der Blick frei werden für das, was den Menschen wirklich ausmacht. Im Erkennen des wahren, göttlichen Selbst entsteht eine neue Stabilität aus der Klarheit einer inneren Gewissheit.

*Svadharma als Erfahren des eigenen Maßes*

Wenn es nicht mehr notwendig ist, sich auf die Früchte des Erfolgs auszurichten, kann so auch eine neue Bewusstheit für das eigene Maß entstehen. *Svadharma* meint die Öffnung für ein höchst individuelles Leben, von der Bewusstheit für die eigene Lebensaufgabe bis hin zur Bewusstheit des rechten Maßes in jeder nur erdenklichen Lebenssituation. In diesem Sinne ist in der *Bhagavadgītā* zu lesen:

*Der kennt Yoga nicht, der zu viel isst, und auch nicht der, der überhaupt nicht isst; nicht der, der zu viel schläft oder der zu wenig schläft.*
*(Bhagavadgītā 6.16)*

Ob wir essen, schlafen oder üben, immer gilt es wach zu werden für das je eigene Maß und das zu tun, was jeweilig notwendig ist. Wie an einen wohlschmeckenden Apfel nicht der gleiche Maßstab wie an eine wohlschmeckende Birne angelegt werden sollte, so kommt jedem einzelnen Menschen sein eigenes Maß zu. Das eigene Maß zu finden heißt auch, seine eigenen Grenzen akzeptieren zu lernen. Vielleicht liegen die Grenzen gar nicht dort, wo man sie immer vermutete. Vielleicht eröffnen sich im Bewusstwerden des eigenen Maßes bisher ungeahnte Möglichkeiten der eigenen Kraft.

*Svadharma als Handeln ohne Begierde*

Wer jetzt allerdings vermutet, schon das Ende des Weges erreicht zu haben, der würde einem gewaltigen Irrtum unterliegen. Was nützt die Erfahrung des inneren *Svadharma*, wenn diese innere Bestimmung nicht wieder mitten in der Welt gelebt wird? Die *Bhagavadgītā* wird nicht müde zu betonen, dass der Weg bei der Wendung nach innen nicht stehen bleiben darf. Das Entscheidende eröffnet sich erst im Rückweg in das Getriebe der Welt. Mit dem Durchbruch zur inneren Mitte ist nicht das Ende, sondern ein neuer Anfang erreicht.

Der Mensch handelt mitten in der Welt, aber er handelt jetzt anders. Die *Bhagavadgītā* spricht in diesem Sinne vom *nishkāma karma*, vom ‚Handeln ohne Begierde'. Das Handeln aus dem inneren *Svadharma* verändert so nicht nur das Verhältnis zu sich selbst, sondern auch zu den Mitmenschen:

*Einen mit Wissen und Zucht ausgestatteten Brahmanen, eine Kuh, einen Elefanten, einen Hund und selbst einen Hundeesser betrachten die Weisen als gleich.*
*(Bhagavadgītā 5.18)*

Auch hier geht es nicht darum, dass ein Weiser nicht zwischen einem Brahmanen und einer Kuh unterscheiden könnte und diese mit einem Elefanten, Hund oder Hundeesser verwechselt. Auch ist keine Gleichwertigkeit oder Unentschiedenheit gemeint, so dass alles und jedes egal würde. Der

Weise verhält sich nicht gleich. Der Weise macht jedoch den Wert eines Wesens nicht davon abhängig, welche Vorteile er durch es gewinnt oder welche Nachteile er erfährt. Er bewertet die Menschen nicht nach ihrer Nützlichkeit, sondern begegnet jedem Einzelnen aus einer grundlegend neuen Haltung der Offenheit. Vielleicht wird es so auch möglich, eine Haltung der Dankbarkeit gegenüber allen Menschen zu kultivieren, ohne dass man für etwas dankbar ist, das man empfangen hat.

*Die Rückkehr zur Gegenwärtigkeit des Hier und Jetzt*

Ist der Mensch nicht mehr an ein bestimmtes Ziel gebunden, wird es möglich, die Aufmerksamkeit für die Gegenwart zu kultivieren. Es gilt, von den Anhaftungen an den Erfolg loszulassen, um sich so für die Gegenwärtigkeit des Hier und Jetzt zu öffnen. Wer weiß, was wirklich zählt, handelt ohne Termin- oder Erfolgsdruck und hat keine Angst zu versagen. Zweckdenken wird durch eine innere Motivation abgelöst, die dem Handeln eine ganz neue Kraft verleihen kann. Das Handeln ist nicht auf die Verwirklichung der Früchte des Handelns ausgerichtet, sondern ist getragen von der Bewusstheit für das im Hier und Jetzt Notwendige.

Wenn die Verwirklichung eines Ziels nicht die treibende Kraft ist, heißt dies somit nicht, dass das Handeln seine Richtung verliert und nur noch dahindümpelt. Ganz im Gegenteil. Durch die Fixierung auf ein Ziel beschränkt sich das Tun nur auf das Machbare und geht so vielleicht sogar am Entscheidenden vorbei, ohne es zu bemerken. Nicht mehr das Machbare, sondern das Stimmige wird wichtig. Vielleicht bleibt das Ziel noch im Hinterkopf. Wenn jedoch alle Erwartungen aufgegeben sind, kann es sich jederzeit wandeln. Wird die Erwartung aufgegeben, entsteht eine Offenheit auch für Unerwartetes, das sich letztlich als viel bedeutender erweisen kann als das ursprünglich anvisierte Ziel.

Jede Sekunde im Leben zählt. Es ist nicht möglich, Sekunden anzusparen, wie man Urkunden oder Pokale sammelt. Jede unbewusst gelebte Sekunde ist unwiederbringlich für immer verloren. Jede gelebte Sekunde eröffnet den Schatz eines erfüllten Lebens. Manchmal wird man ein anderes Ergebnis erhalten, als man es am Anfang intendierte. Gelingt es, aus dem inneren *Svadharma* zu handeln, wird das Ergebnis jedoch das Entscheidende offenbaren, das am Anfang des Weges noch nicht in den Blick gekommen war.

Vielleicht ist es so nicht ganz ungefährlich, sich mit den alten Texten der Spiritualität des Yoga zu beschäftigen. Wer den verborgenen Schatz seines inneren *Svadharma* erfährt, der kann durchaus im Widerspruch zu dem liegen, was äußere Gesetze vorschreiben, seien es die Kastengesetze im Hinduismus oder die Gesetze der modernen Leistungsgesellschaft. Lässt man sich jedoch auf die revolutionären Gedanken des Yoga als spirituellem Weg ein, so besteht die Chance, über all jenes bisher als gut und wahr Geglaubte hinaus das in den Blick zu bekommen, was wirklich zählt: das Leben aus der inneren Bestimmung des *Svadharma*.

## 3. Über die Notwendigkeit der Unterscheidung

*Die hinduistische Nivellierung des Yoga*

Wenn Religion und Yoga wie in der *Bhagavadgītā* so dicht nebeneinanderstehen, fällt es nicht immer leicht, beides auseinanderzuhalten. Viele hinduistische Yogameister gehen in dieser Weise mit tiefster Überzeugung davon aus, dass sich die heiligen Gebote des hinduistischen Kastengesetzes und die Erfahrungen einer inneren Bestimmung nicht widersprechen können.

So erscheint es dem gläubigen Hindu als undenkbar, dass *Arjuna* aus den Tiefen seines wahren Selbst eine göttliche Stimme hören könnte, die ihm sagt, er solle nicht in die Schlacht ziehen, um seinen Gegnern ein neues Friedensangebot zu machen. Was *Arjuna* als innere Bestimmung erkennt, muss mit den in den heiligen Schriften des Hinduismus offenbarten Gesetzen übereinstimmen. Es kann keinen Widerspruch zwischen der inneren göttlichen Stimme eines Mitglieds der Kriegerkaste und den in den Schriften festgelegten Geboten eines Kriegers geben. Der innere *Svadharma* muss sich an die äußeren Gesetze des Hinduismus anpassen.

Da es sich bei diesen Lehrern nicht nur um *Yogīs*, sondern auch um gläubige Hindus handelt, erscheint diese Anpassung des Yoga an den Hinduismus als durchaus verständlich. Kaum notwendig ist es jedoch, dass westliche Schüler diesen Meistern aus dem Osten in gläubiger Hingabe unkritisch folgen. Nicht selten meint man in den Worten der Meister die Spiritualität des Yoga zu hören, hat letztendlich jedoch nur hinduistische Glaubenslehren erhalten. Der spirituelle Sinn des Yoga erscheint verwässert und droht nicht selten sogar vollkommen aus dem Blick zu geraten. In der hinduistischen Nivellierung der Spiritualität des Yoga ist jede Form von Revolution abgesagt.

*Die Anpassung des Yoga an den Hinduismus in der Bhagavadgītā selbst*

Diese Reduzierung des spirituellen Erfahrens auf die Gebote des Hinduismus wird nicht nur von traditionell orientierten Hindus gepflegt. Schon die hinduistischen Redaktoren der *Bhagavadgītā* bemühten sich um die Anpassung des Yoga an die hinduistische Religion. Ihnen gelang es dabei durchaus, das Handeln nach hinduistischen Geboten und das Handeln aus einem inneren Erfahren geschickt zu überbrücken.

Normalerweise ist das Befolgen von religiösen Gesetzen durch Belohnung und Bestrafung motiviert. Ein Befolgen der Kastengesetze, ohne auf die Früchte des Handelns zu achten, gilt so als besonders lobenswert. Die Vermischung von hinduistischer Gebotsethik und der yogischen Haltung, nicht wegen des Erfolgs zu handeln, führt zum Ideal des selbstlosen Kampfes, wodurch *Arjuna* mit noch größerer Radikalität in den Krieg getrieben wird.

Im Unterschied zum hinduistischen Kastengesetz ist der *Svadharma* als Lauschen auf die innere göttliche Stimme dem Menschen in seinem Alltagsbewusstsein nicht ohne Weiteres zugänglich. Das Lauschen gilt es erst einmal zu erlernen. Um für die göttliche Stimme in den Tiefen des wahren Selbst wach zu werden, ist im Normalfall eine lange Schulung des Yoga notwendig. Die Zeit, erst einmal Yoga zu üben, um dann mit dem Bewusstsein seiner inneren Bestimmung die richtige Entscheidung zu treffen, stand *Arjuna* unmittelbar vor Beginn der Schlacht jedoch nicht zur Verfügung.

Die *Bhagavadgītā* löst das Problem, wenn sie *Arjuna* durch die Gnade des göttlichen *Krishna* in eine Art Trancezustand versetzen lässt, in dem er die Tiefen seines göttlichen Selbst erschaut. Durch die Gnade *Krishnas* wird *Arjuna* erleuchtet und erkennt die göttliche Wahrheit der hinduistischen Kastengesetze. Die innere Bestimmung *Arjunas* wird an die äußeren hinduistischen Gesetze angepasst, um so die Wahrheit der hinduistischen Lehren zu belegen. *Krishna* wird so zum zweifelhaften Vorbild mancher hinduistischer Gurus, die ihren Schülern durch ihr gnadenhaftes Handeln ähnliche Erleuchtungserfahrungen versprechen.

### *Religiöse Lehren und Gebote als Schale einer Frucht*

Um das große Potential des Yoga in der *Bhagavadgītā* aufzudecken, ist es notwendig, zwischen hinduistischem Glauben und der spirituellen Erfahrung des Yoga zu unterscheiden. Dies heißt jedoch keinesfalls, die hinduistischen Teile der *Bhagavadgītā* zu negieren oder gar zu verurteilen. Den von außen vorgegebenen religiösen Lehren ist sogar eine wichtige Funktion beizumessen.

Die äußere Ordnung des hinduistischen *Svadharma* ist mit der äußeren Schale einer Frucht zu vergleichen. Wie eine Schale die Frucht umschließt, geben auch religiöse Ordnungen wie das Kastengesetz dem Gläubigen Struktur, Schutz und Halt. An den hinduistischen Geboten orientiert, kann *Krishna* als hinduistischer Gott *Arjuna* mit Bestimmtheit dazu auffordern: Folge deiner in den heiligen Schriften festgelegten Bestimmung als Mitglied der Kriegerkaste! Kämpfe den gerechten Kampf, so dass du Ruhm auf Erden und Belohnung im Himmel für die Erfüllung deiner Kastenpflichten erlangen wirst! *Arjuna* konnte als gläubiger Hindu sicher sein, auf der Seite des Guten zu stehen und mit seinem Kampf für die hinduistische Rechtsordnung einzutreten.

Wie *Arjuna* erfährt auch jeder andere Gläubige durch die in heiligen Schriften vorgegebenen Gebote Orientierung und Halt. Durch religiöse Gebote wird es möglich zu wissen, was zu tun und was zu unterlassen ist. Alle Fragen nach dem guten und schlechten Handeln sind auf der Ebene der religiösen Lehren eindeutig zu beantworten.

### *Von der Schale des Glaubens zur Verschalung der Rechtgläubigkeit*

Wie es höchst unterschiedliche Früchte gibt, werden Gut und Böse in den verschiedenen Religionen und Kulturen jedoch nicht immer gleich beurteilt. Was der eine als gut ansieht, das erscheint dem anderen mitunter sogar als böse. Gebote und Verbote können sich nicht nur unterscheiden, sondern sogar widersprechen. Religionen haben so immer auch das Potential, dass sich der Schutz gebende Glaube an Gebote zur Verschalung der Rechtgläubigkeit veräußerlicht. Werte, Gebote und Lehren der eigenen Religion werden als unveränderlich, absolut wahr und als einzig möglich gesehen. Woran der eine glaubt, das gilt dem anderen als Unglauben. Abweichende Lehren werden zur Häresie und Ketzerei erklärt und Andersgläubige als Ungläubige verurteilt.

Die Schale der Gebote schützt nun nicht mehr das innere Fruchtfleisch. Es wird in einer Art Verschalung verdeckt. Jeder kann sich die Enttäuschung bildhaft ausmalen, wenn man die Schale einer Frucht öffnet und vielleicht sogar keinerlei Fruchtfleisch vorfindet. Die Frucht scheint nur noch aus Schale zu bestehen. Wenn die Schale auch notwendig zu einer Frucht gehört, so gilt dies keineswegs für die Verschalung. Bleibt die Schale der Gebote und Lehren alles, was den Menschen ausmacht, bleibt er auf die Oberfläche eines rechtgläubigen Lebens reduziert.

*Der Durchbruch zum Fruchtfleisch des spirituellen Lebens*

Entscheidend ist die Differenzierung zwischen Schale und Fruchtfleisch. Entscheidend ist, zwischen der Schale der in den heiligen Schriften offenbarten Gesetze und dem Fruchtfleisch der eigenen, inneren Bestimmung jedes einzelnen Menschen zu unterscheiden. Durch die äußeren Gesetze ist das geordnete Zusammenleben der Gesellschaft möglich. Durch die Erfahrung der inneren Bestimmung geschieht der Durchbruch für das jedem Menschen innewohnende Potential spirituellen Lebens.

So wichtig die äußere Sicherheit vorgegebener Gebote zu Beginn auch sein mag, so kann es als das große Verdienst der *Bhagavadgītā* angesehen werden, über alle Religion hinaus auch die spirituelle Dimension menschlichen Lebens aufgezeigt zu haben. Yoga als spiritueller Weg fördert das Bewusstwerden des inneren Fruchtfleisches. Nun tritt die Erfahrung einer inneren Stärke, Kraft und Sicherheit in den Mittelpunkt, aus der heraus bewusst werden kann, was Leben ursprünglich heißt.

Auch der heutige Yoga wird ohne eine Schutz und Halt gebende Schale nicht auskommen. Ein *Svadharma* im Sinn der Kastenpflicht gibt es in der westlichen Kultur zwar nicht. Aber auch im Abendland erscheint es als hilfreich, das Handeln nach religiösen oder auch weltlichen Geboten auszurichten. Alles kommt jedoch darauf an, die Bewusstheit für die innere Bestimmung zu fördern, so dass nicht nur die Schale der Gebote und Lehren, sondern auch das Fruchtfleisch eines ursprünglichen Lebens bewusst wird. Um den Durchbruch zum Fruchtfleisch des spirituellen Lebens zu fördern, wurden in der *Bhagavadgītā* die Grundprinzipien von vier Übungswegen des Yoga aufgezeigt, die es im folgenden Kapitel darzulegen gilt.

# III. Die Übungswege

*Die vier Übungswege*

Wer heute Yoga sagt, meint meist die Körperpraxis des *Hatha-Yoga*. Dabei wissen die wenigsten, dass Yoga als Körperpraxis erst im 20. Jahrhundert zu der Yogapraxis schlechthin avancierte. Es ist an der Zeit, sich auch des großen Potentials der anderen Wege bewusst zu werden, die in der langen Geschichte des Yoga entwickelt wurden. Unter all diesen Wegen kann den vier großen Übungswegen des Yoga der *Bhagavadgītā* eine ganze besondere Bedeutung beigemessen werden.

Als erstes ist *Karma-Yoga* zu nennen, der ‚Yoga des Handelns' in der Welt (*karma*: Handeln). Manche sprechen auch von *Karma-Mārga* im Sinn vom ‚Weg des Handelns' (*mārga*: Weg). Mit *Karma-Yoga* wird es möglich, in ganz konkreten Alltagssituationen Yoga zu üben, indem das Handeln selbst zur Übung des Yoga wird.

Es folgt *Jñāna-Yoga* oder *Jñāna-Mārga*, der ‚Yoga der Erkenntnis' (*jñāna*: Erkenntnis, Wissen, Weisheit). Der *Jñāna-Yogī* übt mit seinem Denken, um so mit dem Mittel der Reflexion die Erfahrung von Lebensweisheit zu fördern. *Jñāna-Yoga* ähnelt so am ehesten dem, was heute als philosophische Praxis bezeichnet wird. Im Unterschied zum weit verbreiteten Verständnis von Yoga-Philosophie als Theorie ist die philosophische Übungspraxis des *Jñāna-Yoga* grundlegend praktisch ausgerichtet.

Mit *Bhakti-Yoga* oder *Bhakti-Mārga* wird es möglich, in der Dimension des Gefühls und des Herzens Yoga zu üben. Im Zentrum von *Bhakti-Yoga* steht *Bhakti* als die liebende Hingabe an eine verehrte Gottheit (*bhakti*: Hingabe). Durch *Bhakti-Yoga* wird Religion zur Übungspraxis. Man übt mit dem religiösen Handeln, wie es in Ritualen, Gebeten und vor allem im meditativen Chanten, Rezitieren oder Singen zum Ausdruck kommt.

Während die ersten drei Wege jeweilig mit dem Handeln, dem Denken und dem Fühlen üben, integriert *Dhyāna-Yoga* als der vierte Übungsweg der Meditation alle drei Bereiche (*dhyāna*: Meditation). Der Meditierende öffnet sich in der Meditation für das innere Göttliche, um dann das meditative Erfahren mitten im Alltag zu leben.

*Die Systematisierung*

Wenn man die über Jahrhunderte andauernde Entstehungsgeschichte der *Bhagavadgītā* in Betracht zieht, in der viele Autoren immer wieder zum Teil auch mündlich überlieferte Themen, Sprüche und auch Texte zusammenstellten, so kann kaum davon ausgegangen werden, dass die vier Wege in der *Bhagavadgītā* in systematisierter Vollendung dargeboten werden. Der Blick in die im Anhang beigefügte Übersichtstabelle zeigt, dass es durchaus Kapitel gibt, in denen *Karma-Yoga*, *Jñāna-Yoga*, *Bhakti-Yoga* und auch *Dhyāna-Yoga* einen gewissen Schwerpunkt bilden. Aber auch in das Kapitel zu *Karma-Yoga* wurden Abschnitte zu *Jnāna-Yoga* eingefügt, wie in einem Kapitel zu *Bhakti-Yoga* auch Texte zu *Jñāna-* oder *Karma-Yoga* zu finden sein können.

Von vier großen Übungswegen des Yoga sprechen sogar erst die Interpreten der *Bhagavadgītā* aus späterer Zeit, wobei auch hier keineswegs von einer einheitlichen Darstellung ausgegangen werden kann. Eine wichtige Rolle spielt vor allem *Svamī Vivekānanda*, der als erster Inder Ende des 19. Jahrhunderts in die USA reiste, um dort einem interessierten westlichen Publikum die spirituellen Wege Indiens aufzuzeigen. So unterschied *Vivekānanda* zwischen *Karma-Yoga*, *Jñāna-Yoga* und *Bhakti-Yoga*. Den vierten Weg des Yoga der

Meditation bezeichnete er allerdings als *Rāja-Yoga*, als den ‚königlichen Yoga'. Er bezog sich mit dem Yoga der Meditation auch nicht auf die *Bhagavadgītā*, sondern auf die *Yoga-Sūtras* des *Patañjali*.

*Sri Aurobindo* unterschied bei seiner *Bhagavadgītā*-Interpretation sogar nur zwischen den drei Wegen *Karma-Yoga*, *Jñāna-Yoga* und *Bhakti-Yoga.* Der Meditationsweg des *Dhyāna-Yoga* wird von ihm nicht berücksichtigt. Ein weiteres Mal wird deutlich, wie wenig die aus der hinduistischen Kultur stammenden Lehrer zu vereinheitlichenden Begriffen und systematischen Darstellungen neigen, wie sie von der westlichen Hörerschaft so sehr geschätzt werden.

*Unterschiedliche Übungswege für verschiedene Menschen*

Mit ihren vier Übungswegen öffnet die *Bhagavadgītā* die Praxis des Yoga für die Vielfalt unterschiedlich veranlagter Menschen. In diesem Sinne ist im dritten Kapitel zu lesen:

*Jñāna-Yoga ist für die Denker (sāmkhyānām) geeignet,*
*Karma-Yoga für die yogischen Praktiker (yoginām).*
*(Bhagavadgītā 3.3)*

Bei verschiedenen Menschen sind durchaus unterschiedliche Vorlieben oder Fähigkeiten festzustellen. So betont der Text, dass für die Denker die Praxis des *Jñāna-Yoga* besonders geeignet sei, die Praktiker dagegen *Karma-Yoga* üben sollten. Aber natürlich wird es Menschen geben, die nicht nur gerne denken, sondern auch handeln und darüber hinaus vielleicht auch noch religiös sind oder sich gerne zur Meditation aus dem Getriebe des Alltags zurückziehen. In jedem Fall gilt, dass die Wege des Yoga in einer höchst individuellen und an die Veranlagungen und Erfordernisse der Übenden angepassten Weise gegangen werden können.

*Die innere Einheit aller Wege*

Bei der Vielfalt der Yogawege geht es letztendlich aber doch immer nur um den einen Weg des Yoga. So betont die *Bhagavadgītā* nicht nur das Besondere der jeweiligen Übungswege, sondern auch ihre innere Einheit:

*Nur Kinder, nicht die Gelehrten, sprechen vom Weg des Wissens (sāmkhya) und dem Weg des yogischen Handelns (yoga) als verschiedene Wege. Wer in nur einem wahrhaft gegründet ist, gewinnt die Frucht von beiden. Den Zustand, den man durch Denken (sāmkhya) erlangt, zu dem gelangt man auch durch yogisches Handeln (yoga). Denken (sāmkhya) und yogisches Handeln (yoga) sind eins.*
*(Bhagavadgītā 5.4-5)*

Alle Wege zeigen nur verschiedene Aspekte des einen Yogaweges. Im praktischen Leben ist es nicht möglich, nur einen Weg unter Ausschluss der anderen Wege zu üben. Yogisches Handeln im Sinne von *Karma-Yoga* und Denken im Sinne von *Jñāna-Yoga* zeigen sich als eng miteinander verbunden. Kein Aspekt kann ohne den anderen existieren.

Was hier von *Karma-Yoga* und *Jñāna-Yoga* gesagt ist, gilt letztendlich auch für *Bhakti-Yoga* und *Dhyāna-Yoga*. Wenn auch unterschiedliche Schwerpunkte in der Übungspraxis gesetzt werden können, so steht doch jeder Mensch vor der Aufgabe, in allen Aspekten seines Lebens die Bewusstheit des Yoga zu fördern, um so mit Kopf und Herz in wechselseitiger Stimmigkeit mitten in der Welt handeln zu können.

*Von der Technik zum Loslassen*

Die innere Einheit aller Yogawege wird vor allem durch ihre gemeinsame Ausrichtung auf die Übung des Loslassens vom Erstreben der Früchte des Handelns deutlich. Es gilt vom Machen loszulassen, das immer etwas herstellen will, und auch vom Denken, das am rationalen Begreifen festhängt.

Erst in diesem Zur-Ruhe-Kommen der Getriebenheiten des Alltagsbewusstseins kann es gelingen, in die Tiefe durchzubrechen, um aus der Tiefe heraus in neuer Bewusstheit leben zu können.

In allen vier Übungswegen geht es somit nicht nur um die Anwendung von konkreten Übungstechniken. Und doch spielen die Techniken eine nicht unerhebliche Rolle. Vielleicht kann man die Yogaübungen mit den Techniken des Abtauchens in die Tiefe vergleichen, wie sie beim Erlernen des Tauchens unabdingbar sind. Auch hier kommt es auf die Technik an, auf die Art und Weise des Atmens oder den korrekten Winkel des Abtauchens. Immer wieder gilt es dies alles zu üben. Dem einen fällt es schwer. Beim anderen geht es schneller. Für alle gilt jedoch: Erst wenn die Technik gemeistert ist, wird ein Loslassen möglich, um sich ohne Mühe wie von alleine in die Tiefe gleiten zu lassen.

Schritt für Schritt werden nun die vier Übungswege des *Karma-Yoga*, *Jñāna-Yoga*, *Bhakti-Yoga* und *Dhyāna-Yoga* aufgezeigt, erst die allgemeinen Grundlagen, dann die Prinzipien der Übungspraxis und zuletzt die Übungen, wie sie die heutige Yogapraxis erweitern und vertiefen können.

# 1. Karma-Yoga - Yoga des Handelns

## Grundlagen

*Handeln gehört zum Sein des Menschen*

Aus heutiger Sicht lässt sich kaum erahnen, welche Revolution zur Zeit der Entstehung der *Bhagavadgītā* mit *Karma-Yoga* verbunden war. Zunächst scheint *Karma-Yoga* sogar allem zu widersprechen, was man im hinduistischen Kontext zur damaligen Zeit unter Yoga verstand. Yoga bedeutete traditionell nicht *karma* und somit Handeln. Im Yoga ging es um das Entsagen jeglichen Handelns. Der traditionelle *Yogī* war ein Asket, der nicht nur sinnlichen Freuden und Wohlstand, sondern auch der Gesellschaft zu entsagen hatte.

Nach traditioneller Vorstellung führt jedes Handeln, ob gut oder auch schlecht, zu neuen Verstrickungen in der Welt. Die einzige Möglichkeit, dieser Verstrickung im Kreislauf der Wiedergeburten zu entgehen, besteht darin, sich von der Welt schlechthin zu befreien und jeglichem Handeln zu entsagen. Wenn auch alle Meister der Yoga-Renaissance des 20. Jahrhunderts die Öffnung des Yoga für das Leben in der Gesellschaft betonten, so geben bis heute die in abgeschiedenen Höhlen des Himālaya lebenden Yoga-Asketen ein Zeugnis von dieser im traditionellen Hinduismus immer noch weit verbreiteten Auffassung von Yoga als Abkehr von der Welt.

Die *Bhagavadgītā* gehört nun zu den Texten in der Geschichte des Yoga, die am entschiedensten gegen den Asketen-Yoga Stellung bezieht. So ist folgendes Diktum im dritten Kapitel zu lesen, das dem *Karma-Yoga* gewidmet ist:

*Niemand kann ja nur für einen Augenblick existieren, ohne etwas zu tun. Jeder vollzieht unwillkürlich eine Handlung (karma) auf Grund der Eigenschaften der Materie.*
*(Bhagavadgītā 3.5)*

Niemand kann in dieser Welt aus dem Handeln aussteigen. Solange der Mensch hier auf dieser Welt lebt, ist es ihm nicht möglich, allem Weltlichen zu entsagen und nichts zu tun. Selbst vollkommen bewegungslos in äußerer Abgeschiedenheit in einer Höhle zu sitzen, bedeutet ein Handeln. Der Mensch kann prinzipiell nicht aufhören zu handeln. Wenn der Asket versucht, nicht mehr zu handeln, betrügt er sich selbst, da das Handeln notwendig zum Sein des Menschen gehört.

*Die Früchte des Handelns*

*Krishna* macht sich sogar über die die Welt ablehnenden *Yogīs* lustig, wie sie sich, der Welt entsagend, von allem gesellschaftlichen Treiben in die Einsamkeit zurückziehen. Sie haben äußerlich alles hinter sich gelassen. Niemand weiß, ob sie, dort in ihrer Höhle sitzend, vielleicht innerlich an nichts anderes denken als an die weltlichen Dinge, die sie verlassen haben.

Das Problem der Unbewusstheit für das innere *Svadharma* liegt somit nicht beim Handeln oder gar bei den Dingen der Welt. Wir müssen handeln, es ist aber nicht notwendig, unbewusst, getrieben und an die Früchte des Handelns gebunden zu handeln. Dies heißt konkret für den Weg des *Karma-Yoga*:

*Um das Handeln allein bemühe dich, niemals jedoch um die Früchte (phala). Die Frucht des Handelns (karma-phala) sei niemals dein Motiv. Du sollst aber auch nicht am Nicht-Handeln anhaften.*

*(Bhagavadgītā 2.47)*

Wenn Handeln nicht in Unbewusstheit dahindümpeln soll, braucht es eine Motivation. Entscheidend ist, woher die Kraft der Motivation genommen wird. Im Alltagsbewusstsein handeln wir, um Anerkennung oder Belohnung zu erlangen. Wir wollen Erfolg haben und Misserfolg vermeiden. Die *Bhagavadgītā* spricht von den *karma-phala*, von den Früchten des

Handelns. Die Früchte des Handelns motivieren uns und bestimmen so nicht nur unser Handeln, sondern auch uns selbst. Zunächst ist es wichtig, diese Gebundenheit an die Früchte wahrzunehmen, um dann in der Übung des *Karma-Yoga* einen inneren Loslösungsprozess zu initiieren.

*Handeln, ohne an den Früchten anzuhaften*

Wie eine Handlung zu einer Übung des *Karma-Yoga* entwickelt werden kann, dies zeigt folgender Vers, wiederum aus dem dritten Kapitel:

*Aber wer die Sinne durch den Geist zügelt und zu handeln beginnt, oh Arjuna, und ohne anzuhaften (asakta) handelnd Karma-Yoga übt, der ragt heraus.*
*(Bhagavadgītā 3.7)*

Im *Karma-Yoga* wird das Handeln selbst zur Yogaübung. *Karma-Yoga* zu üben heißt, mitten im Alltag zu handeln wie jeder andere Mensch auch, hierbei jedoch eine neue geistige Grundhaltung einzuüben. Der zentrale Begriff heißt hier *asakta*, ‚ohne anzuhaften'. Das Anhaften an die Früchte des Handelns gilt es aufzulösen, indem die Sinne durch den Geist gezügelt werden. Immer wieder ist der Geist von seiner Ausrichtung auf die erstrebten Früchte des Handelns zurückzuholen. Alles Streben und Habenwollen, bis hin zum Erwarten wie auch Befürchten, gilt es zur Ruhe zu bringen. Erst wenn sich das Anhaften an die Früchte aufzulösen beginnt, wird der Geist frei. Die Klarheit wächst und das, was wirklich zählt, kann in den Blick kommen.

*Das Bewusstsein für das Handeln, das zu tun ist*

Wenn das Streben nach den Früchten das Handeln nicht mehr bestimmt, kann ein grundlegend neues Handeln aus einer tieferen Bewusstheit entstehen:

*Deshalb vollziehe ohne daran anzuhaften (asakta) stets die*

*Handlung, die zu tun ist (kāryam karma). Denn wer ohne anzuhaften handelt, der Mensch erreicht das Höchste.*
*(Bhagavadgītā 3.19)*
Im *Karma-Yoga* geht es nicht um die Frage nach Handeln oder Nicht-Handeln, sondern um das Bewusstsein für das *kāryam karma*, für die ‚Handlung, die zu tun ist'. Löst sich das innere Anhaften auf, kann das Bewusstsein für ein Handeln entstehen, das aus sich heraus gut und richtig ist und dies auch unabhängig von Erfolg oder Misserfolg.

Nach den Worten von *Svamī Vivekānanda* fördert *Karma-Yoga* so den grundlegenden Wandel der Motivation des Handelns:
*„Für ihn (den Karma-Yogī) existiert keine Pflicht. Was er der Welt zu geben hat, das gibt er ihr von sich aus, aber nicht, weil eine Pflicht es ihm befiehlt. Er denkt nicht daran, und nichts könnte ihn zwingen."*
*(Vivekānanda: Karma-Yoga und Bhakti-Yoga, 110-111)*
Die Pflichterfüllung, die durch Belohnung oder Bestrafung motiviert ist, wird durch die Pflicht des Augenblicks abgelöst, die ihre ganze Kraft aus sich selbst schöpft. Umgekehrt gilt so auch: Wenn diese Kraft aus der Notwendigkeit des Hier und Jetzt wächst, wird auch die Abhängigkeit von den Früchten des Handelns schwinden.

Es geschieht das, was alle Yogawege auszeichnet, was Yoga zu Yoga macht: Es geschieht jener innere Wandlungsprozess der Lösung von der Gebundenheit an die Dinge der Welt. Aus der inneren Loslösung von den Dingen kann es möglich werden, die Situation neu zu beurteilen. Das Problem kann sich neu stellen. Vielleicht kommen so auch noch ganz andere Lösungsmöglichkeiten in den Blick, als ursprünglich gedacht.

Aus der Öffnung für eine innere Kraft kann das klar werden, was in der Bewusstheit für das Hier und Jetzt wirklich zählt.

Was im Text ganz einfach und äußerst knapp mit der ‚Tat, die getan werden muss' benannt ist, eröffnet letztendlich die Freiheit für das Leben aus der erfüllten Gegenwart, eröffnet ein Leben aus der Kraft der inneren Bestimmung des *Svadharma*.

## Praxis

### *Das Üben des inneren Rückzugs*

*Karma-Yoga* als die Übung des inneren Rückzugs kann mitten in den Aktivitäten des Alltags geübt werden. Man braucht zwar das Streben nach Früchten, das heißt ein Ziel, um sich auf den Weg auszurichten. Ziele sind notwendig, um auf den Weg zu kommen, um in Bewegung zu kommen. Der Blick auf das Ziel darf aber nicht dazu führen, das Bewusstsein auf das im Augenblick Notwendige zu verlieren.

*Karma-Yoga* übt diese Loslösung der Ausrichtung auf die Ziele, um in diesem inneren Rückzug des Geistes ganz gegenwärtig zu werden. Es gilt, eine innere Distanz zu kultivieren. Von außen gesehen sieht man Handeln wie bei jedem anderen Menschen auch. Von innen wird mit *Karma-Yoga* jedoch eine grundlegend neue Geisteshaltung geübt.

### *Karma-Yoga auf dem Schlachtfeld?*

Die Erzählung vom Konflikt der *Bhāratas* bot den Autoren der yogischen Texte der *Bhagavadgītā* die Gelegenheit, darauf hinzuweisen, dass Yoga viel mehr bedeuten kann, als sich äußerlich von der Welt zurückzuziehen. Die *Bhagavadgītā* wurde an einer Stelle in den Handlungsverlauf des *Mahābhārata* eingefügt, an der sich *Arjuna* unmittelbar vor der Schlacht einer der extremsten, moralisch kaum lösbaren Situationen menschlichen Handelns ausgesetzt sah.

Die Zeit, einen yogischen Übungsweg zu gehen, stand *Arjuna* allerdings kurz vor Beginn des Kampfes nicht mehr zur Verfügung. Die Auswahl des Schlachtfeldes als Ort der Praxis des *Karma-Yoga* scheint so eher der pointierten Darstellung der Autoren geschuldet zu sein. Es ist zu vermuten, dass der Übungsweg des *Karma-Yoga* für den mitten auf dem Schlachtfeld stehenden *Arjuna* eher keine realisierbare Möglichkeit bedeutet hat. Die Erkenntnis seiner inneren Bestimmung gelingt ihm, wie schon erwähnt, auch nicht durch das Üben von *Karma-Yoga*, sondern durch die Kraft der Gnade des göttlichen *Krishna*.

*Karma-Yoga als Dienst an der Gemeinschaft*

Die Praxis des *Karma-Yoga* ist heute auch vor allem auf Retreats, Yogakursen und Workshops in Yogazentren oder Ashrams zu finden. Die Teilnehmenden werden in die Küche geschickt, um dort der Köchin oder dem Koch beim Schneiden des Gemüses zu helfen. Man jätet Unkraut im Garten oder muss die Toiletten reinigen. *Karma-Yoga* ist in manchen Yogazentren als Dienst an der Gemeinschaft nicht mehr wegzudenken. Dieser von den Teilnehmenden geleistete Dienst bietet eine wichtige Möglichkeit des Ausgleichs zur Übungspraxis auf der Matte und fördert darüber hinaus den Gemeinschaftssinn.

Zur Übung des *Karma-Yoga* wird dieser Dienst allerdings nur, wenn er tatsächlich als Übung verstanden wird. Helfen die Teilnehmenden in Küche, Haushalt und Garten, um die Kosten für den Aufenthalt zu senken, so zeigt sich dieser Dienst zwar als hilfreich und sinnvoll. Um *Karma-Yoga* handelt es sich jedoch so noch nicht. Zur Praxis des *Karma-Yoga* wird der Dienst, wenn im Handeln die Loslösung von dem Anhaften an die Früchte des Handelns geübt wird, um sich in dieser Weise auf die Erfahrung der Fülle des Augenblicks auszurichten.

*Die Übungsfelder des Karma-Yoga*

Vor allem zeigt die Praxis des *Karma-Yoga*, dass mit dem Verlassen der Matte die Yogapraxis nicht aufhören muss. Die Übungen erweisen sich überall dort als besonders hilfreich, wo im Alltag die Erfahrung von Gelassenheit, Balance und innerer Stärke schwindet und der Alltagstrott die Herrschaft zu übernehmen droht. Es sind die zahlreichen Alltagssituationen, die nun als Übungsfeld dienen. Überall dort, wo wir etwas erreichen wollen und wo diese Früchte des Handelns uns binden und treiben, überall dort kann Yoga in der Form von *Karma-Yoga* praktiziert werden.

Vielleicht ist es hilfreich, sich zu Beginn nicht gleich die schwersten Situationen auszusuchen. Küchenarbeit, Hausarbeit, Gartenarbeit oder das Wandern in der Natur bieten sich an, aber auch das Stehen in der Schlange an der Supermarktkasse oder das Warten vor einer roten Ampel im Stau. Neben solchen Alltagssituationen ist es auch möglich, einen festen Übungsrahmen zu schaffen, in dem für eine bestimmte Zeit *Karma-Yoga* geübt werden kann.

Ein wichtiger Ort für *Karma-Yoga* ist auch dort zu finden, wo wir dies zunächst gar nicht vermutet hätten. Jeder kennt die Getriebenheit des Alltags, aus der wir kommen, wenn wir uns auf die Yogamatte zurückziehen. Die Sinne, die gerade noch bei dem waren, was es noch zu erledigen gilt, oder bei einem anderen, was gerade noch vermieden werden konnte, werden gezügelt und auf den engen Begrenzungen der Matte festgehalten. Wenn wir nicht aufpassen, machen wir auf der Matte genau so weiter, wie wir es eigentlich immer vermeiden wollten. So ist es auch möglich, *Karma-Yoga* auf Matte und Sitzkissen zu üben, um sich auch hier nicht vom Leistungsanspruch einfangen zu lassen und sich dessen bewusst zu werden, worum es im Yoga ursprünglich geht.

## *Übung*

### *Praxis für Alltagssituationen*

*Wie bei jeder anderen Yogaübung erweist es sich auch im Üben von Karma-Yoga als hilfreich, die Praxis zunächst vorzubereiten, um dann Schritt für Schritt voranzuschreiten.*

*Vorbereitung: Das Übungsfeld aussuchen*
*Suchen Sie sich zunächst eine Arbeit als Übungsfeld, die sowieso erledigt werden muss, eine Situation, die Sie immer wieder erleben oder vor der Sie notwendigerweise stehen müssen.*

*Es ist hilfreich, sich zu Beginn nicht gleich den schwersten Situationen zu widmen. Wichtig ist nicht die Schwierigkeit der Übung, sondern dass Sie mit der Praxis des Karma-Yoga erst einmal beginnen.*

*Natürlich müssen Sie Zeit für die Übung haben. Wenn ein unmittelbar bevorstehender Termin einzuhalten ist oder das Kleinkind an der Supermarktkasse schreit und versorgt werden will, erschwert dies die Bedingungen des guten Übens.*

*Situationen erweisen sich als besonders geeignet, in welchen das Handeln ausschließlich durch das Erreichen eines Ziels motiviert ist. Wichtig ist, dass der Erfolg Ihres Handelns noch nicht eingetreten ist, aber doch unmittelbar bevorsteht. Dann ist besonders stark zu spüren, wie der Geist von dem Wunsch nach dem Erreichen der Früchte des Handelns gezogen wird und durch diese Gebundenheit ein bewusstes Handeln im Hier und Jetzt verhindert.*

*Folgende Übungsfelder erweisen sich für die Praxis des Karma-Yoga als besonders geeignet:*

*Haushalt*

- *Abwaschen*
- *Kochen*
- *Essen*
- *Küche*
- *Aufräumen*
- *Reinigen*

*Gartenarbeit*

- *Unkraut jäten*
- *Aussäen und Pflanzen*

*Alltagshandlungen*

- *Zähneputzen*
- *Sich waschen*

*Natur*

- *Spazieren gehen*
- *Wandern*
- *Bergsteigen*

*Zwischenmenschliche Beziehungen*

- *Schenken*
- *Helfen*
- *Spenden*

*Warten*

- *Anstehen an einer Schlange vor der Kasse im Supermarkt*
- *Warten vor einer roten Ampel*
- *Warten im Stau*
- *Warten auf eine Begegnung*
- *Warten auf eine Prüfung*
- *Warten auf ein Vorstellungsgespräch*

*1. Sich des Anhaftens an das Ziel des Handelns bewusst werden*
*Beginnen Sie die Übung, indem Sie bewusst innehalten und erst einmal durchatmen.*

*Nehmen Sie in einem Moment der Ruhe Ihr ‚Anhaften' an die Früchte Ihres Tuns bewusst wahr. Fragen Sie sich: Warum handeln Sie? Welche Nützlichkeitserwägungen treiben Sie an? Ist es die Sauberkeit des Geschirrs, der Wohnung oder des Gartens oder das Erreichen der Kasse in der Schlange, ist es materielle Entlohnung oder die Anerkennung des Erfolges? Was treibt Sie an, dass 30 Sekunden vor einer roten Ampel zu stehen so unerträglich erscheint? Jemandem etwas zu schenken und keine Gegengabe zu erwarten, gehört nicht zu unseren normalen Verhaltensstrukturen. Nehmen Sie wahr, wie Sie zumindest ein ‚Danke' erhoffen.*

*Beobachten Sie, wie Ihr Geist auf das Erreichen des Zieles in der Zukunft ausgerichtet ist. Nehmen Sie Ihr Anhaften an die von Ihnen erwarteten Früchte Ihres Handelns wahr. Werden Sie sich auch bewusst, wie Ihr Geist durch dieses Anhaften an den Früchten des Handelns nicht mehr bei sich selbst ist. Während Ihr Körper in der Gegenwart handelt, hat sich Ihr Geist mit der Ausrichtung auf die zukünftigen Früchte von Ihnen entfernt.*

*2. Übung des Loslassens und Zurückholens in die Gegenwart*
*Üben Sie in einem zweiten Schritt die Loslösung von der Zielorientierung. Denken Sie nicht mehr an die ‚Frucht' Ihres Handelns. Warten Sie nicht mehr darauf, dass Sie Lob und Anerkennung bekommen. Holen Sie Ihren Geist zurück von der Erwartung des zukünftigen Erfolgs oder Misserfolgs. Bringen Sie Ihren Geist zurück in das aufmerksame Wahrnehmen des gegenwärtigen Augenblicks.*

*Nehmen Sie die Haltung eines Beobachters ein, der darauf achtgibt, wie Sie ganz bewusst im Hier und Jetzt das Geschirr abwaschen, die Wohnung reinigen, den Garten jäten oder an der Kasse anstehen.*

*Ihr Geist wird immer wieder abschweifen, wenn er dem Anhaften an die von Ihnen erstrebte Frucht Ihres Handelns nachgibt und sich wieder auf das anvisierte Ziel ausrichtet. Nehmen Sie dieses Abschweifen wahr, ohne sich zu ärgern, und öffnen sich erneut für die Gegenwart Ihres jetzigen Tuns.*

*3. Das Hier und Jetzt genießen*
*Vielleicht können Sie mit dem Fortschreiten in der Übungspraxis immer mehr die Gegenwart im Hier und Jetzt genießen, die Präsenz des ‚Ohne-Erwartung-Seins', die Stabilität der inneren Ruhe im Handeln, die Bewusstheit für das im Hier und Jetzt Notwendige.*

*Das Grundprinzip der Wiederholung*
*Es wird nicht immer gelingen, das Hier und Jetzt zu genießen. Die Sinne werden immer wieder nach außen gezogen. Nicht auf den Erfolg Ihres Handelns ausgerichtet zu sein, ist nicht einfach. Niemand sagt jedoch, dass es hier um eine einfache Sache geht. Machen Sie sich keinen Druck, weder von außen noch von innen. Gehen Sie locker und entspannt mit Ihrer immer wieder durchbrechenden Zielorientierung um.*
*Karma-Yoga verlangt, wie jede andere Yogaübung auch, ständige Wiederholung. Genau das macht jedoch die Übungspraxis des Karma-Yoga aus. Immer wieder gilt es sich aus dem Sog des Anhaftens zu lösen, um sich nicht nur auf der Matte, sondern auch im konkreten Alltag für die Kraft aus der Tiefe des Lebens zu öffnen.*
*Aus der Tiefe kann zunächst ein erstes Erahnen durchbrechen, was in dem bewussten Erfahren des Augenblicks das Entscheidende ist. Diese innere Kraft kann aber wachsen, so dass Sie sich immer mehr dessen bewusst werden können, was die Bhagavadgītā als die innere Bestimmung des Svadharma bezeichnet.*

## *Übung*

### *Praxis mit festem Übungsrahmen*

*Neben den Alltagssituationen ist es auch möglich, Karma-Yoga innerhalb eines von Ihnen festgesetzten Übungsrahmens zu üben. Als Beispiel wird hier die Übung des achtsamen Trinkens gezeigt. Das Prinzip der Übung lässt sich jedoch auch auf viele ähnliche Handlungen übertragen, vom achtsamen Essen über das achtsame Gehen bis hin zum achtsamen Atmen.*

*Vorbereitung*
*Bereiten Sie sich eine Tasse Tee oder ein Getränk ihrer Wahl. Nehmen Sie einen festen und angenehmen Sitz ein und stellen die Tasse vor sich hin.*

*Durchführung der Übung*

- *Betrachten Sie die Tasse und nehmen Sie bewusst Ihre Absichten, Ziele und Bedürfnisse wahr.*
- *Nehmen Sie die Tasse in die Hand und spüren Sie, wie sie sich anfühlt.*
- *Führen Sie die Tasse an die Lippen und spüren Sie die Berührung.*
- *Nehmen Sie nur einen kleinen Schluck. Halten Sie bewusst das Bedürfnis zu schlucken zurück. Genießen Sie den Geschmack, den Sie in diesem Moment erfahren.*
- *Stellen Sie die Tasse wieder hin und lassen Sie sie bewusst los.*
- *Erst jetzt schlucken Sie. Lauschen Sie auf das Geräusch des Schluckens in der Achtsamkeit für den gegenwärtigen Moment.*

*Warten Sie bewusst einige Sekunden, bis Sie dann die aufgeführten Schritte erneut wiederholen. Die Übung kann so lange durchgeführt werden, bis die von Ihnen gesetzte Zeit vorüber oder die Tasse ausgetrunken ist.*
*Schließen Sie zuletzt die Augen und spüren Ihre Gegenwart im Hier und Jetzt.*

*Das Prinzip der Übung liegt darin, den Handlungsablauf in kleine Schritte zu zerlegen. Nach jedem Schritt gilt es innezuhalten, von der Orientierung auf die Früchte als den Zielen des Handelns loszulassen und sich in dieser Weise immer wieder erneut in die Gegenwart zurückzurufen.*

## *Übung*

### *Karma-Yoga auf Matte und Sitzkissen*

*Karma-Yoga kann die Intensität der Praxis auf Matte und Sitzkissen fördern.*

*Vor dem Gang auf die Matte*

- *Werden Sie sich bewusst, warum Sie mit Ihrer Yogapraxis begonnen haben und warum Sie immer noch üben. Welche Früchte erstreben Sie durch Ihre Praxis?*
- *Die zu erlangenden Früchte motivieren nicht nur, mit dem Üben zu beginnen, sondern helfen Ihnen auch, mit dem Üben weiterzumachen. Das Streben nach Früchten gehört gleichsam zum Wesen des Übens. Im Yoga geht es letztendlich jedoch um viel mehr als um ein Üben, mit welchem Sie Ziele verwirklichen können.*
- *Nehmen Sie Ihre Ziele wahr, bemühen Sie sich dann jedoch auch, vom Erstreben der Früchte Ihres Handelns loszulassen.*
- *Gehen Sie mit einer Haltung auf die Matte als einem Ort, wo Sie nichts müssen und so wirklich bei sich sein können.*

*Auf der Matte*

- *Sind einfache Übungen für Sie langweilig? Stellen Sie sich dieser Langeweile und nehmen Sie die Langeweile als Ihre neue Herausforderung.*
- *Pflegen Sie beim Üben die Haltung ‚no pain, no gain' - kein Schmerz, kein Gewinn? Machen Sie sich bewusst, dass der eigentliche Gewinn der Praxis darin liegt, auch vom Streben nach Gewinn loszulassen.*

- *Zählt für Sie nur die spektakuläre Übung? Holen Sie Ihren Geist zurück von der Ausrichtung auf das Spektakuläre in die Bewusstheit des gegenwärtigen Übens.*
- *Erfahren Sie, dass für Sie nur die perfekt ausgeführte Übung zählt? Holen Sie Ihren Geist immer wieder zurück von der Ausrichtung auf Perfektion und achten auf das Maß des Übens, das Ihnen in diesem Moment entspricht. Seien Sie so weniger Macher und dafür immer mehr bewusster Zeuge Ihres Übens.*

*Nach der Matte*

- *Reflektieren Sie nach der Praxis die Art und Weise Ihres Übens. Die Körperübungen des Yoga leben davon, dass Sie bis an die Grenze Ihrer Leistungsfähigkeit gehen und nicht vorher aufhören.*
- *Wenn die Grenze erreicht ist, gilt es jedoch von allem Streben, Leisten und Tun loszulassen. Öffnen Sie sich dann für die Kraft der Einfachheit des Hier und Jetzt, wenn das Üben leicht und wie von selbst geschieht, unabhängig von Erfolg und Misserfolg.*
- *Erst so wird es möglich, das eigene Maß in der Bewusstheit für das Hier und Jetzt zu erspüren.*

# 2. Jñāna-Yoga - Yoga der philosophischen Übungspraxis

## Grundlagen

### *Die Verhüllung der ursprünglichen Weisheit im Alltagsbewusstsein*

Der Sanskritbegriff *jñāna* meint in seiner Bedeutungsvielfalt den ganzen Weg der ‚Erkenntnis', vom rationalen ‚Wissen' bis hin zur ‚Weisheit' des Lebens aus dem inneren *Svadharma.* Während wir im Alltagsbewusstsein durchaus rationales Wissen ansammeln können, ist uns *Jñāna* als gelebte Weisheit im Allgemeinen nicht zugänglich:

*Verhüllt ist die Weisheit (jñāna) des Weisen durch diesen ewigen Feind, der die Gestalt der Begierde (kāma) hat, oh Sohn der Kuntī, unersättlich wie das Feuer.*
*(Bhagavadgītā 3.39)*

Wenn wir aus dem *Svadharma* leben, sind wir weise. Wir tun dies jedoch zumeist nicht, weil unsere Weisheit vom kaum zu löschenden Feuer von *Kāma*, der Begierde nach den Früchten, verhüllt wird. Um die Verhüllungen des Alltagsbewusstseins zu durchbrechen und zu den Tiefen von *Jñāna* als gelebter Weisheit vorzudringen, wird Philosophie als rationales Wissen nicht ausreichen.

### *Vom Belehren zur inneren Läuterung*

Es ist möglich, Menschen theoretisch zu belehren, um sie zu mehr Wissen zu führen. *Jñāna-Yoga* kann zwar mit der Darlegung einer intellektuellen Konzeption beginnen. So wird das Fundament geschaffen, auf das der Übungsweg Schritt für Schritt aufbauen kann. Erkenntnis im Sinne einer gelebten Weisheit ist jedoch nicht in den Schriften zu finden und auch nicht im Vortrag eines gelehrten Meisters des Yoga. Dabei kann Belehrung durch einen Meister manches initiieren. Doch das Entscheidende geschieht nicht von außen, sondern muss von innen durchbrechen.

Yoga-Philosophie wird dann zu *Jñāna-Yoga*, wenn sie nicht nur belehrt, sondern wir uns der durch die Begierde erzeugten Gebundenheit und Getriebenheit konkret stellen. Yoga-Philosophie wandelt sich von theoretischer Reflexion zu einem Weg der Läuterung, dem in der *Bhagavadgītā* eine ganz besondere Wertschätzung entgegengebracht wird:

*Man kennt ja hier kein solches Läuterungsmittel wie die Weisheit (jñāna). Wer im Yoga zur Vollkommenheit gelangt ist, der findet sie selbst mit der Zeit im Selbst (ātman).*
*(Bhagavadgītā 4.38)*

*Jñāna-Yoga* als Yoga der philosophischen Übungspraxis fördert die Auflösung unserer Verhüllungen, durch die wir den Zugang zu unserem eigenen Weisheitspotential verloren haben. In der Weiterführung der Yoga-Philosophie will *Jñāna-Yoga* uns mit den Mitteln des Denkens und der Reflexion wachrütteln, so dass das in den Tiefen unseres Geistes verschüttete Weisheitspotential aufbrechen kann.

*Die innere Bestimmung mitten in der Welt leben*

Sich des wahren Selbst als der inneren Bestimmung des *Svadharma* bewusst zu werden, reicht immer noch nicht aus. Es gilt, nicht bei der Erkenntnis des *Svadharma* stehen zu bleiben, sondern die eigene Bestimmung unabhängig von Erfolg oder Misserfolg im Handeln mitten in der Welt zu leben:

*Wer durch Yoga den Handlungen entsagt hat, der durch Weisheit (jñāna) die Zweifel zerstreut hat, der aus dem Selbst lebt, den bindet sein Handeln nicht, oh Schatz-Bezwinger.*
*(Bhagavadgītā 4.41)*

Erst durch das eigene Erfahren seiner inneren Bestimmung kann eine aus innerer Kraft schöpfende Sicherheit entstehen, durch die die Zweifel wahrhaft schwinden können. So sind die Voraussetzungen dafür gelegt, sich nicht nur der eigenen Bestimmung bewusst zu werden, sondern sie ungebunden und frei mitten in der Welt zu leben.

Wenn *Jñāna-Yoga* mit dem bekannten Begriff Yoga-Philosophie ins Deutsche übersetzt wird, ist somit keinesfalls das heute weit verbreitete Verständnis von Philosophie als theoretischer Reflexion über den Menschen, Gott und die Welt gemeint.

Es ist jedoch hilfreich, sich zu vergegenwärtigen, dass schon im Verständnis der griechischen Antike der Philosoph als ‚Freund' (*philos*) der ‚Weisheit' (*sophia*) galt. Auch in den Ursprüngen der abendländischen Kultur waren Philosophen nicht nur Theoretiker, sondern auch philosophische Praktiker. Wenn im Folgenden von *Jñāna-Yoga* als philosophischer Übungspraxis gesprochen wird, so weist dies auch auf das ursprüngliche Verständnis von Philosophie im Abendland. Sie beginnt durchaus mit theoretischer Reflexion, öffnet sich dann jedoch im Fortschreiten auf dem Weg, parallel zum Weg des *Jñāna-Yoga*, für das bewusste Leben mitten in der Welt.

## Praxis

### *Die Kategorien des Sāmkhya als rationale Basis*

Die Grundlagen des *Jñāna-Yoga* zeigen sich dabei eng verbunden mit den Kategorien der *Sāmkhya*-Philosophie. Nicht selten verwendet die *Bhagavadgītā* den Begriff *Sāmkhya* sogar synonym mit *Jñāna-Yoga*. Der Begriff *Sāmkhya* wurde, gemäß seiner Übersetzung mit ‚Zahl', ‚Aufzählung' oder ‚Klassifizierung', als Bezeichnung für eine philosophische Schule der indischen Tradition gebraucht, deren besonderer Schwerpunkt im Aufzählen und Kategorisieren liegt. Dem *Sāmkhya* zuzuordnende Kategorien sind schon in der *Katha*- und der *Shvetāshvatara-Upanishad* zu finden. Auch für die *Yoga-Sūtras* des *Patañjali* spielen Prinzipien des *Sāmkhya* eine nicht unbedeutende Rolle. In der *Bhagavadgītā* dienen die Kategorien des *Sāmkhya* als rationale Basis für die Praxis des *Jñāna-Yoga*.

Obwohl es sich beim *Jñāna-Yoga* um eine philosophische Praxis handelt, steht am Anfang des Übungsweges das rationale Verstehen der Kategorien des *Sāmkhya*. Im Zentrum stehen dabei sechs Sanskritbegriffe: *Purusha, Prakriti* und die drei *Gunas*: *Tamas*, *Rajas* und *Sattva*.

*Die beiden Grundkategorien Purusha und Prakriti*

Mit *Purusha* und *Prakriti* werden die beiden grundlegenden Formen des Seins benannt und hiermit der Rahmen der ganzen Konzeption abgesteckt. Auf der einen Seite steht *Purusha* als der ewige und unwandelbare ‚Geist'. *Purusha* ist nicht nur als ‚Geist', sondern auch als ‚Mensch' zu übersetzen. *Purusha* meint die eigentliche Realität des Menschen. Im ursprünglichen und eigentlichen Sinne ist der Mensch *Purusha* und somit ewig und jenseits aller Vergänglichkeit.

Neben dem *Purusha* steht mit der *Prakriti* eine zweite Form der Realität. Ob *Prakriti* mit ‚Erscheinungswelt' oder ‚Natur' übersetzt wird, immer geht es um die sichtbare Welt in Raum und Zeit, die Welt der Veränderung, des Entstehens und Vergehens. Dabei zählt zur *Prakriti* nicht nur die materielle Erscheinungswelt, nicht nur die Materie, sondern auch die psychische Realität des Denkens, Wollens und Empfindens.

Körper und Psyche sind als *Prakriti* in dieser Weise in einer psychosomatischen Einheit eng verbunden und immer aufeinander bezogen. In gewissem Sinne werden der Körper wie auch die Psyche beide als stofflich gesehen. Der Unterschied liegt nur darin, dass der Körper der grobstofflichen, die Psyche der feinstofflichen *Prakriti* zugeordnet ist.

*Die irrtümliche Identifikation des Purusha mit der Prakriti*

Mit den beiden Kategorien *Purusha* und *Prakriti* kann nun nicht nur das Selbstverständnis des Menschen auf den Punkt gebracht werden. Es ist auch möglich zu erklären, warum es sich bei diesem Selbstverständnis im Alltagsbewusstsein um ein Missverständnis handelt. Die ewigen Geistseelen der *Purushas* der Menschen identifizieren sich im Alltagsbewusstsein irrtümlich mit der raumzeitlichen Erscheinungswelt der *Prakriti.* Der Mensch schaut auf die Erscheinungswelt der *Prakriti* und glaubt, dort sich selbst zu sehen. Der ewige *Purusha* identifiziert sich mit einem vergänglichen Körper und einer vergänglichen Psyche. Der Mensch glaubt, dass er Körper und Psyche ist. Der Mensch im ursprünglichen Sinne hat jedoch mit solcher Vergänglichkeit nichts zu tun.

Um diese irrtümliche Identifikation des *Purusha* mit der *Prakriti* besser verstehen zu können, wurde in der *Sāmkhya*-Philosophie das berühmte Spiegel-Gleichnis entwickelt. Hiernach schaut der *Purusha* auf die *Prakriti* und glaubt, wie vor einem Spiegel zu stehen. Jeder, der glaubt, vor einem Spiegel zu stehen, geht davon aus, dass das Bild, das er sieht, er selbst sei. Der *Purusha* schaut und sieht die *Prakriti.* Da er sich vor einem Spiegel wähnt, hält der *Purusha* die von ihm erblickte *Prakriti* für sein Ebenbild. In Wirklichkeit existiert jedoch kein Spiegel. In Wirklichkeit hat der Mensch in seinem ursprünglichen Sein als ewiger *Purusha* mit der *Prakriti* nichts zu tun.

*Die drei Grundeigenschaften der Gunas*

Bei diesem grundlegenden Irrtum des Alltagsbewusstseins setzt nun die philosophische Übungspraxis des *Jñāna-Yoga* ein. Dass sich der Mensch im Alltagsbewusstsein seines inneren *Svadharma* nicht bewusst ist, liegt an seiner Gebundenheit an die drei *Gunas* der *Prakriti,* an der Bindung an das

Streben nach Klarheit und Vollkommenheit von *Sattva*, an der Getriebenheit durch die Leidenschaft von *Rajas* und an der Trägheit des Geistes von *Tamas*:

*Klarheit (sattva), Leidenschaft (rajas) und Trägheit (tamas), das sind die Grundeigenschaften (guna), hervorgegangen aus der Erscheinungswelt (prakriti). Sie binden den unvergänglichen Bewohner des Körpers an den Körper, oh Großarmiger.*

*(Bhagavadgītā 14.5)*

Nach einem viel gebrauchten Bild stellt man sich die Erscheinungswelt der *Prakriti* wie ein aus drei *Guna*-Strängen geflochtenes Seil vor. Alles ist nach diesen drei Prinzipien geordnet, die jedem einzelnen körperlichen wie auch psychischen Phänomen seine spezifische Qualität verleihen. Je nachdem, welches *Guna* vorherrscht, kann die Dicke der einzelnen Stränge jedoch höchst unterschiedlich ausfallen. Immer sind es jedoch genau diese drei Grundeigenschaften der *Gunas*, durch die der ewige *Purusha* als der unvergängliche Bewohner des Körpers an Körper und Psyche gebunden ist. Dabei ist in verschiedenen Phasen des Weges eine je unterschiedliche Intensität der Verhüllung der ursprünglichen Weisheit des Menschen festzustellen.

*Die Trägheit von Tamas*

Die Unbewusstheit zu Beginn wird als Dominanz der Trägheit von *Tamas* erklärt:

*Trägheit (tamas), wisse dies, ist aus Unbewusstheit (ajñāna) entstanden und täuscht so alle Bewohner der Körper. Es bindet durch Nachlässigkeit, Faulheit und Schläfrigkeit, oh Nachkomme des Bharata.*

*(Bhagavadgītā 14.8)*

*Tamas* ist mit ‚Trägheit' zu übersetzen, mit ‚Finsternis' oder auch mit ‚Passivität'. Wenn die *Gunas* mit verschiedenen

Formen von Wasser verglichen werden, entspricht *Tamas* dem trüben Wasser, das keinen Blick auf den Grund zulässt, so dass der Mensch durch seine Trägheit nicht auf den Grund seines wahren Selbst zu schauen vermag.

Da sich die *Gunas* sowohl auf den materiellen als auch auf den psychischen Bereich beziehen, gelten die Schwere eines Steins und ein fauler Apfel, aber auch die Trägheit der menschlichen Psyche als Ausdruck von *Tamas*. Wenn im Text zu lesen ist, dass ein von *Tamas* geprägtes Leben durch Nachlässigkeit, Faulheit und Schläfrigkeit gekennzeichnet ist, so sind hier nicht nur psychische, sondern auch körperliche Eigenschaften gemeint.

Es ist durchaus möglich, bis zu seinem leiblichen Tode in Unbewusstheit und Trägheit auf der Couch des Lebens zu verharren. Um überhaupt einen Anfang zu finden und mit einer Übungspraxis zu beginnen, erscheint es als unabdingbar, die Grundeigenschaft *Rajas* zu kultivieren.

*Die Leidenschaft von Rajas*

Der erste Schritt des Übungsweges besteht in dieser Weise in der Verminderung der Trägheit von *Tamas* und der Förderung der Leidenschaft von *Rajas*, das wie folgt charakterisiert werden kann:

*Leidenschaft (rajas), wisse dies, ist der Ursprung des Durstes und des Anhaftens (sanga). Sie hat als Wesen das Begehren. Sie bindet den Bewohner des Körpers durch das Anhaften am Handeln, oh Sohn der Kuntī.*
*(Bhagavadgītā 14.7)*

Wenn *Tamas* das Prinzip der Passivität meint, so bedeutet *Rajas* das Prinzip der ‚Aktivität', das aktive, auf ein Ziel ausgerichtete Handeln. Wörtlich ist *Rajas* mit ‚Staub' zu übersetzen. Wer den auf indischen Straßen aufgewirbelten Staub kennt, mag erahnen, um welche Form von Aktivität es bei

*Rajas* geht. Der Staub ist immer in Bewegung. Er tut dies jedoch nicht selbstbestimmt. Er wird bewegt. Bei *Rajas* geht es um ‚Leidenschaft', aber auch um ‚Begierde' und somit um ‚Getriebenheit'. Unter *Rajas* ist das bewegende und aktive Prinzip zu verstehen, das gleichzeitig aber auch ein getriebenes und somit gebundenes Moment beinhaltet.

Als Prinzip des Begehrens nach den Dingen gilt *Rajas* als Ursprung für das Anhaften an den Früchten des Handelns. *Rajas* ist die treibende und gleichzeitig aber auch die getriebene Kraft im Daseinskampf.

In dem Bild der verschiedenen Formen des Wassers entspricht ein Leben aus *Rajas* dem aufgepeitschten und aufgewühlten Wasser, das, wie das trübe Wasser von *Tamas*, auch den Blick auf den Grund verwehrt. Ein ausbrechender Vulkan, ein reifender Apfel und das zielgerichtete Streben eines Menschen gelten als Beispiele für das Wirken von *Rajas*.

Wenn die Trägheit von *Tamas* schwindet, kann das Leben auf die Realisierung der Ziele von *Rajas* ausgerichtet werden, womit der Übungsweg jedoch keineswegs schon an sein Ende gekommen ist.

*Die Klarheit von Sattva*

Nun wird es möglich, die Praxis auf die dritte Grundeigenschaft auszurichten, die mit *Sattva* benannt ist:

*Dort ist die Klarheit (sattva) wegen ihrer Makellosigkeit leuchtend und leidlos ...*
*(Bhagavadgītā 14.6a)*

*Sattva* gilt als das Prinzip der ‚Klarheit', der ‚Reinheit', des ‚Seins', des ‚Guten' und letztendlich der yogischen ‚Vollkommenheit'. Lebt der Mensch aus *Sattva*, versteht er vom Anhaften an die weltlichen Früchte des Handelns loszulassen, so dass sein Leben makellos rein, aus sich heraus leuchtend und glücklich wird.

*Sattva* entspricht einem stillen Bergsee, in dem der Grund klar und deutlich sichtbar ist. Das reine Sonnenlicht, der reife Apfel wie auch die heitere Klarheit des Geistes, aus der eine tiefe, innere Ruhe und Gelassenheit entspringt, gelten als Beispiele für das Wirken von *Sattva.*

In einem Leben aus *Sattva* erkennt der *Purusha* seinen grundlegenden Irrtum, in dem er sich mit der *Prakriti* identifiziert hatte. Der Mensch wird sich bewusst: Ich bin nicht meine Erfolge und ich bin auch nicht meine Misserfolge. Der Geist des Menschen wird sich selbst bewusst und erkennt unabhängig von Erfolg oder Misserfolg seine ursprüngliche Aufgabe hier in dieser Welt.

*Von allen drei Gunas loslassen*

Bis jetzt wurde jedoch nur der erste Teil des *Sattva* erklärenden Verses zitiert. Wer glaubt, mit dem Erreichen der Vollkommenheit am Ziel des Yogaweges angekommen zu sein, der muss sich beim Weiterlesen nun eines Besseren belehren lassen:

*... Durch das Hängen am Glück wie auch durch das Anhaften an der Weisheit (jñāna) bindet es jedoch auch, oh Sündloser. (Bhagavadgītā 14.6b)*

Auch im Streben nach *Sattva* liegt ein Anhaften an den Früchten des Handelns. Eigentlich ist der Mensch mit dem Erlangen von Vollkommenheit am Ziel angekommen. Die Verwirklichung des Zieles ist jedoch nicht genug. Vollkommenheit ist nicht genug. Durch das Hängen am Glück der Vollkommenheit bleibt der Geist des Menschen immer noch gebunden.

Letztendlich gilt es auf dem Weg des *Jñāna-Yoga* nicht nur von *Tamas* und *Rajas*, sondern auch vom Streben nach *Sattva* loszulassen:

*Sattva bindet an das Glück, Rajas an das Handeln, oh Nachkomme des Bharata, nachdem es die Weisheit verhüllt hat, haftet Tamas an der Nachlässigkeit.*
*(Bhagavadgītā 14.9)*
Es mag vielleicht besser sein, nach Weisheit zu streben, als in der Nachlässigkeit zu verharren oder die Erfüllung seines Lebens in der Ansammlung von weltlichen Früchten zu suchen. Die Weisheit des Lebens aus dem *Svadharma* meint mit Sicherheit die bedeutendste Frucht, die der Mensch erstreben kann. Aber auch beim Streben nach der Erkenntnis seiner inneren Bestimmung handelt es sich um ein Streben nach einer Frucht des Handelns, das das Bewusstsein für die innere Bestimmung wieder verhindert. Der Weg des *Jñāna-Yoga* hat nun Höhen erreicht, dessen Formulierungen sich dem gedanklichen Zugriff immer mehr entziehen.

*Den Weg des Jñāna-Yoga in die Tiefe gehen*

Was nun kommt, ist nicht mehr durch gedankliches Formulieren, sondern nur noch durch das konkrete Leben aus dem *Svadharma* zu verstehen. In diesem Sinne fragt *Arjuna* seinen Lehrer *Krishna* am Ende des 14. Kapitels:
*Durch welche Merkmale zeichnet sich derjenige aus, der über die drei Gunas hinausgelangt ist, oh Herr?*
*(Bhagavadgītā 14.21a)*
*Krishna* antwortet mit einer zahlreiche Beispiele umfassenden Rede:
*Weder verabscheut er das Licht noch das aktive Tun und auch nicht die Verblendung, wenn sie entstanden sind, noch ersehnt er sie, wenn sie vergangen sind, oh Sohn des Pandu. ...*
*Wer gleichmütig ist in Leid und Glück, der in seinem Eigenen ruht (svastha), dem ein Erdklumpen, ein Stein und Gold einerlei sind, wem Liebes und Unliebes gleichviel bedeuten, der in sich gefestigt ist, dem Tadel und Lob gleich sind, dem*

*Ehre und Schande gleich viel bedeuten, der sich gleich verhält zu Freund und Feind, der alle Unternehmungen aufgegeben hat, von dem sagt man, er sei über die Gunas hinausgelangt.*
*(Bhagavadgītā 14.22,24-25)*

Wer würde das Licht der Erleuchtung der Verblendung des Alltagsbewusstseins nicht vorziehen? Wer würde nicht Glück erstreben wollen und Leid vermeiden? Wer würde nicht sagen, dass Gold mehr wert ist als ein Erdklumpen? Wem tun Liebes, Lob, Ehre und die Zuneigung seiner Freunde nicht gut und Unliebes, Tadel, Schande und der Umgang mit Feinden nicht weh? *Krishna* zählt Beispiele der berühmten Gegensatzpaare auf. Diese Gegensatzpaare sind nicht gleich. Und sie sind auch nicht gleich gültig. Wer jedoch das jeweilig Positive erstrebt und das jeweilig Negative ablehnt, der erstrebt doch wieder die positiven Früchte des Handelns und lehnt die negativen ab. Die Erfahrung des tieferen Sinns von *Svadharma* kann nicht erstrebt werden, denn jedes Streben verhindert gerade den Durchbruch. Die Erfahrung des inneren *Svadharma* ist zwar zu wollen, zu erstreben und zu üben. Die Erfahrung aber wird in ihrer Tiefe erst aufbrechen, wenn wir vom Wollen, Erstreben und auch vom Üben losgelassen haben. Auch im *Jñāna-Yoga* bleibt die Erfahrung des inneren *Svadharma* ein Geschenk, das wir vielleicht nur dann erhalten können, wenn wir es nicht mehr erstreben.

## *Übung*

### *Den Weg des Yoga in die Tiefe führen*

*Sie können sich Ihr Leben vorstellen wie ein aus den drei Fäden Tamas, Rajas und Sattva gewebtes Seil. Wenn Sie innehalten, dann werden Sie bei sich Momente der Trägheit von Tamas, der Zielgerichtetheit von Rajas und manchmal vielleicht auch die Ahnung yogischer Bewusstheit von Sattva beobachten können. Das Seil des Lebens wird wohl bis ans Ende unseres Lebens aus allen drei Gunas bestehen. Das heißt jedoch nicht, dass die Gewichtung dieser Grundeigenschaften der Prakriti gleich bleiben muss. Um auf dem Weg des Yoga fortzuschreiten, gilt es zunächst die Momente der Trägheit zu verringern, indem Sie Ihrem Leben Ziele geben, die es zu verwirklichen gilt. Sind die Ziele jedoch realisiert, kann es möglich werden, von der Ausrichtung auf diese Früchte des Handelns loszulassen, um sich so für das Geschenk eines ursprünglichen Lebens aus dem Svadharma zu öffnen.*
*Die philosophische Übungspraxis des Jñāna-Yoga eröffnet Ihnen nun die Möglichkeit, sich darüber klar zu werden, wo Sie sich auf dem Weg des Yoga gegenwärtig befinden. Von dort aus gilt es weiter voranzuschreiten, um letztendlich den Weg immer mehr in die Tiefe zu führen.*

*1. Die Momente von Tamas in meinem Leben*
*Werden Sie sich zunächst der Momente der Trägheit und Unbewusstheit in Ihrem Leben bewusst. Lesen Sie die Aufzählung folgender Momente, die als Ausdruck von Tamas gelten:*

- *passiv*
- *träge*
- *finster*
- *unbewusst*
- *faul*
- *müde*

- *festgefahren*
- *schwerfällig*
- *unbeweglich*
- *nachlässig*
- *antriebslos*
- *abgeschlagen*
- *interesselos*
- *depressiv*
- *stumpf*
- *kalt*
- *hartherzig*
- *gefühlskalt*

*Fragen: In welchen Situationen haben Sie Erfahrungen gemacht, wie sie mit diesen Eigenschaften beschrieben sind?*
*Sind Sie mit diesen Erfahrungen zufrieden?*
*Oder wollen Sie in Ihrem Leben etwas ändern?*

*Aufgabe: Ihr Handeln kann Früchte hervorbringen. Setzen Sie sich Ziele, die Sie realisieren wollen.*
*Verlassen Sie die Couch Ihres Lebens! Stehen Sie auf! Nehmen Sie Ihr Leben in die Hand!*

*2. Die Momente von Rajas in meinem Leben*
*Werden Sie sich in einem zweiten Schritt der Momente der Zielgerichtetheit von Rajas bewusst, in denen Ihr Leben durch das Erstreben von Früchten des Handelns bestimmt wird. Lesen Sie die Aufzählung folgender Eigenschaften, die als Ausdruck von Rajas gelten:*

- *aktiv*
- *zielgerichtet*
- *feurig*
- *beweglich*
- *dynamisch*
- *aggressiv*
- *eitel*
- *beherrschend*
- *getrieben*
- *energetisch*
- *leidenschaftlich*
- *unruhig*
- *ehrgeizig*
- *begierig*
- *durchsetzungsfähig*
- *anerkennungsbedürftig*

*Fragen: In welchen Situationen haben Sie bei sich diese Eigenschaften erlebt? Achten Sie darauf, wie Ihre Zielgerichtetheit auch mit Getriebenheit verbunden sein kann. Machen Sie sich bewusst, dass Dynamik auch Unruhe und Getriebenheit bedeuten kann.*

*Aufgabe: Es ist durchaus möglich, dass die von Ihnen erstrebten Ziele Sie auf Ihrem Lebensweg nur vordergründig voranbringen. Klären Sie, inwieweit es sich bei den Zielen, die Sie erreichen wollen, auch wirklich um Ziele handelt, die Ihnen entsprechen.*

*3. Die Momente von Sattva als Ausdruck der inneren Bestimmung des Svadharma*
*Achten Sie nun in einem dritten Schritt auf die Momente der Klarheit und Bewusstheit von Sattva in Ihrem Leben. Lesen Sie die Aufzählung folgender Eigenschaften, die als Ausdruck von Sattva gelten:*

- *klar und rein*
- *hell und licht*
- *in sich gefestigt*
- *gütig*
- *feinsinnig*
- *authentisch*
- *empathisch*
- *unbestechlich*
- *ausgeglichen*
- *friedvoll*
- *eine innere Gewissheit spürend*
- *harmonisch*
- *ohne Grund freudig, heiter und glücklich*
- *verständnisvoll*
- *bewusst*
- *freundlich gegenüber Freund wie Feind*
- *gleichmütig in Glück wie Leid*
- *gelassen gegenüber Lob und Tadel*

*Fragen: Haben Sie schon Erfahrungen gemacht, wie sie hier formuliert sind?*
*Entsprechen die Momente von Sattva Ihren Vorstellungen eines erfüllten Lebens?*

*Aufgabe: Wenn Sie die Fragen mit Ja beantworten, fördern Sie die Momente und Erfahrungen von Sattva, um so immer mehr das zu erfahren, was wirklich Sinn macht in Ihrem Leben. Kultivieren Sie das Leben aus der inneren Bestimmung Ihres Lebens, die die Bhagavadgītā mit Svadharma bezeichnet.*

*4. Das Loslassen von allen drei Gunas*

- *Machen Sie sich bewusst, dass das Streben nach der Erfahrung des Svadharma als Ziel des Yogaweges einerseits hilfreich ist, andererseits das Erstreben yogischer Vollkommenheit Sie auch immer wieder bindet.*
- *Vergegenwärtigen Sie sich, dass die Verwirklichung der Erfahrung des Svadharma nicht erarbeitet werden kann, sondern Ihnen letztendlich geschenkt wird.*

## *Übung*

### *Bewusste Ernährung kultivieren*

*Nach der Sāmkhya-Philosophie werden Psyche und Körper als eine Einheit verstanden. Wechselseitig aufeinander bezogen, bilden sie die beiden Seiten der Erscheinungswelt der Prakriti. Wie in der Bhagavadgītā in den Versen 17.8-10 erläutert, zeigt eine von Tamas geprägte Psyche Vorlieben für tamasische Nahrungsmittel, eine von Rajas geprägte Psyche für rajasische Nahrung und die sattvische Psyche für eine sattvische Ernährung. Umgekehrt ist daraus zu schließen, dass Tamas-Nahrungsmittel Körper und Psyche unbewusst machen, Rajas-Nahrung die Triebhaftigkeit verstärkt, während sattvische Ernährung die Klarheit von Körper und Geist fördert. In dieser Weise kann die philosophische Reflexion der eigenen Essgewohnheiten einen wichtigen Beitrag zum Fortschreiten auf dem Yogaweg leisten.*

*Prüfen Sie, inwieweit es für Sie hilfreich sein kann, Ihre Ernährung nach dem Konzept der drei Gunas umzustellen.*

*1. Tamasische Ernährung*
*Tamas entsteht durch unbewusstes Essen.*
*Zu den tamasischen Lebensmitteln zählen:*

- *schwere Speisen (Fleisch, Fett, Eier)*
- *abgestandene Speisen (zerkochtes oder aufgewärmtes Essen, fermentierte Speisen)*
- *fade Speisen, die ihren Geschmack verloren haben (Konserven, Fertignahrung, eingefrorene Lebensmittel, H-Milch)*
- *stinkende, überreife und alte Speisen (gereifter Käse, Schimmelkäse)*
- *dumpf machende Speisen (alkoholische Getränke)*

*Tamasische Ernährung fördert körperliche wie psychische Trägheit. Nach der Guna-Lehre macht sie müde und abgeschlagen und ist möglichst zu vermeiden.*

*2. Rajasische Ernährung*
*Rajas entsteht durch hastiges Essen.*
*Zu den rajasischen Lebensmitteln zählen:*

- *bittere Speisen (Kaffee, schwarzer Tee, Schokolade mit viel Kakao)*
- *saure Speisen (Essig, Zitrone, Sauermilchprodukte)*
- *scharfe Speisen (Knoblauch, Zwiebeln, Ingwer, Pfeffer, Chili, Paprika, Radieschen, Gebratenes und Geröstetes)*
- *brennende Speisen (Alkohol)*
- *salzige Speisen*
- *zu heiße Speisen*

*Rajasische Ernährung regt die Triebhaftigkeit an. Nach der Guna-Lehre macht sie unruhig und ist möglichst zu vermeiden.*

*3. Sattvische Ernährung*
*Sattva wird durch eine bewusste Esskultur gefördert.*
*Zu den sattvischen Lebensmitteln zählen:*

- *geschmackvolle Speisen (Honig, Vollwertkost)*
- *milde Speisen (frische Milch, Sahne, Kräutertee, Ghee)*
- *frische Speisen (frisch zubereitetes Essen, frisches und reifes Obst, Sprossen, Salate, Frischkäse)*
- *feste Speisen (Getreide, insbesondere Reis, Gemüse, Nüsse, leichte Hülsenfrüchte wie Mungbohnen)*

*Sattvische Ernährung stärkt körperliche wie psychische Gesundheit, gibt Kraft, ein glückliches Leben, Gelassenheit und Bewusstheit. Nach der Guna-Lehre fördert sie den yogischen Entwicklungsprozess und sollte in möglichst großen Anteilen in die Ernährung integriert werden.*

*4. Der Weg zur bewussten Ernährung*
*Die Ausrichtung der Ernährung nach dem Konzept der drei Gunas kann eine wichtige Hilfe für eine gesunde Ernährung bilden. Sie werden jedoch nicht damit rechnen können, dass Sie notwendigerweise das ‚Erwachen' erlangen, nur weil Sie Fleisch von Ihrem Speiseplan gestrichen haben, sich nur noch vegetarisch, vegan und letztendlich nur noch sattvisch ernähren. Vermeiden Sie vor allem einen Ernährungsfundamentalismus, der Herz wie auch Geist wieder verdunkelt.*

*Auch für die Übung der bewussten Ernährung gilt: Die Tiefe des Yogaweges eröffnet sich durch die Loslösung von den drei Gunas und somit auch durch die Loslösung vom Guna-Konzept.*

- *Achten Sie immer darauf, ob Ihnen Ihre Ernährungspraxis guttut. Richten Sie sich nach Regeln. Passen Sie die Regeln jedoch auch an Ihre individuellen Bedürfnisse an.*
- *Vergegenwärtigen Sie sich: Regeln können Ihnen bei der Suche nach einer gesunden Ernährung hilfreich beiseitestehen. Regeln sind jedoch wie Krücken, die einem Verletzten das Gehen ermöglichen. Ist die Verletzung geheilt, sind keine Krücken mehr notwendig.*
- *Den Weg des Yoga in die Tiefe zu gehen heißt, wo immer es möglich ist, sich von den Krücken der Konzepte zu lösen. Der Weg des Yoga wird dann zur Bewusstseinsschulung, um selbst ins Spüren zu kommen, was für Sie gute Ernährung bedeutet.*

## *Übung*

### *Ethisches Handeln lernen*

*Dem ethischen Handeln widmen sich in der Bhagavadgītā die Verse 17.20-22. Handeln aus Tamas, Rajas und Sattva wird hier mit kurzen Stichworten umrissen. Es ist möglich, aus diesen Versen eine philosophische Übungspraxis abzuleiten, um das eigene Handeln zu hinterfragen und ethisches Handeln im Sinne des Yoga zu kultivieren.*

*1. Handeln aus Tamas*

- *nachlässig und faul*

*Wenn Sie nachlässig und faul sind, nicht spüren, was Ihnen guttut oder was Ihnen schadet, können Sie durchaus lange Zeit auf Ihrem Lebensweg durchhalten. Sind Sie jedoch auch langfristig zufrieden? Ist es nicht gerade dieses Egalgefühl, das Sie auch immer wieder leiden lässt?*

- *missachtend und unfreundlich*

*Wenn Sie missachtend und unfreundlich sind, oft gar nicht spüren, wenn Sie andere verletzen oder ihnen schaden, kann Ihnen dieses Leben in Unbewusstheit kurzfristig durchaus auch Vorteile verschaffen. Lässt sich hierauf jedoch ein langfristig sinnvolles Leben aufbauen?*

- *der rechten Zeit und des rechten Ortes nicht bewusst handeln*

*Haben Sie schon einmal die Erfahrung gemacht, gut gehandelt zu haben, und trotzdem ist alles nur schlimmer geworden? Kann es sein, dass Ihr Handeln durchaus gut war, dass jedoch entweder der Zeitpunkt oder der Ort nicht stimmte?*

*Machen Sie sich bewusst, dass Handeln aus der Trägheit und Dumpfheit von Tamas Ihnen letztendlich nur kurzfristige Freude bringt. Sie haben ganz andere Möglichkeiten in Ihrem Leben, die es zu nutzen gilt.*

*2. Handeln aus Rajas*

- *Handeln im Hinblick auf Erfolg*

*Wenn Sie sich anstrengen und Gutes tun, dann werden Sie auch Erfolg haben. Es gilt, das zu verwirklichen, was richtig ist, denn der Tüchtige, der sich für das Gute einsetzt, wird belohnt. Schwierigkeiten können Sie überwinden, indem Sie sich Mühe geben und sich anstrengen. Konflikte gilt es für sich zu entscheiden. Wenn Sie sich durchsetzen, werden Sie mit Erfolg belohnt werden. Haben Sie Erfolg, ist Ihnen die Anerkennung der Mitmenschen sicher. Dem Tüchtigen gehört die Welt.*

- *Geben mit Gegenleistung*

*Durch welches Handeln können Sie für sich und die Ihren Vorteile erlangen? Schauen Sie, wenn Sie etwas geben, dass Sie auch die Ihnen zustehende Gegenleistung erhalten.*

*Machen Sie sich bewusst, dass Erfolg, Belohnung, Sieg und Anerkennung Ihnen aber immer nur kurzfristige Freude bringen. Letztendlich werden Sie durch das von Rajas getriebene Erstreben dieser Früchte innerlich gebunden und unfrei. Fragen Sie sich, was wirklich Sinn macht in Ihrem Leben.*

*3. Handeln aus Sattva*

- *auch ohne Gegenleistung handeln*

*Haben Sie schon einmal erfahren, dass Sie ohne Gegenleistung gehandelt haben, ein Handeln ohne Warum, ein Tun um des Tuns willen? Konnten Sie so erfahren, was wirklich ein erfülltes Leben bedeutet? Erahnen Sie, was es heißt, aus Mitgefühl und Empathie mit den Mitmenschen zu handeln, im Einklang mit Ihnen selbst, mit Ihren Mitmenschen und der gesamten Welt? Kann es sein, dass Sie so erst gespürt haben, was Ihre Aufgabe in diesem Leben ist?*

- *und dies am rechten Ort und zur rechten Zeit*

*Haben Sie schon einmal erfahren, dass sich alle Schwierigkeiten scheinbar wie von alleine auflösen, wenn alle Kraft nicht aus dem Machen erwächst, sondern Ihnen aus der Leichtigkeit geschenkt wird? Haben Sie so den Unterschied gespürt zwischen einem Gelebtwerden und dem, was Lebendigkeit in einem ursprünglichen Sinn bedeutet? Kennen Sie ein Handeln aus innerer Stärke und Bewusstheit für den rechten Ort und die rechte Zeit, um in diesem Augenblick genau das in dieser Situation Notwendige zu tun?*

*Wenn Sie diese Fragen mit Ja beantworten können oder zumindest erahnen, auf welches Leben diese Fragen hinweisen, dann haben Sie ein von der Klarheit des Sattva getragenes Handeln erfahren. Vergegenwärtigen Sie sich die Bedeutung solcher Erfahrungen für Ihr Leben.*

*4. Handeln in der Loslösung von den drei Gunas*

- *Machen Sie sich bewusst, dass ein Handeln aus Sattva genau dann verwirklicht werden kann, wenn Sie aufgehört haben, es zu wollen oder zu erstreben.*
- *Vergegenwärtigen Sie sich, dass die Verwirklichung des inneren Svadharma als Ziel ethischen Handelns nicht zu erarbeiten ist, sondern letztendlich geschenkt wird.*

## *Übung*

### *Die Praxis auf der Matte reflektieren*

*In den Versen 17.17-19 der Bhagavadgītā rückt nicht nur das Handeln im Allgemeinen, sondern auch die Übungspraxis im Besonderen in den Blick. Auch hier ist es möglich, eine philosophische Übungspraxis abzuleiten, in der die heutige Praxis auf der Matte durch kritisches Hinterfragen weitergeführt und intensiviert werden kann.*

*1. Von Tamas geprägtes Üben*

- *Übung nachlässig*

*Gehören Sie zu den Menschen, die mit dem regelmäßigen Üben eher nachlässig umgehen? Zu welchem Zeitpunkt und wie lange können Sie eine regelmäßige Übungspraxis realisieren? Nehmen Sie sich vor, regelmäßig zu üben, und achten Sie darauf, Ihre Vorsätze einzuhalten.*

- *mit Qual und Selbstpeinigung*

*Es gilt, sich im Üben zu fordern, jedoch nicht in Unachtsamkeit für das, was Ihnen wirklich guttut, zu quälen und zu peinigen. Prüfen Sie sorgfältig, welche Übungen hilfreich sind und welche nicht. Es gilt, die persönlichen Grenzen der Dehnungsfähigkeit und auch der Kraft auszuloten, bis an die Grenzen zu gelangen, jedoch nicht in Achtlosigkeit diese Grenzen zu ignorieren. Auch eine herausfordernde Praxis gilt es immer mit Achtsamkeit zu üben.*

- *mit Schädigung anderer durchgeführt*

*Insbesondere wenn Sie Yoga unterrichten, gilt es auch in Bezug auf die Grenzen und Möglichkeiten Ihrer Schülerinnen und Schüler nicht unachtsam zu sein. Die von Ihnen angeleiteten Übungen sollen nicht verletzen oder schädigen, sondern die Übenden auf ihrem Yogaweg fördern.*

*2. Von Rajas geprägtes Üben*

- *Übung zweckhaft und zielgerichtet*

*Eine Yogapraxis wird selten ohne Grund geübt. Warum praktizieren Sie Yoga? Möchten Sie mit Ihrer Praxis Ihre Rückenschmerzen oder Schlafstörungen lindern? Geht es Ihnen um Steigerung des körperlichen oder geistigen Wohlbefindens oder Ihrer Fitness und Leistungsfähigkeit? Wollen Sie zur Ruhe kommen, entspannen und ausgeglichener werden? Streben Sie eine spirituelle Vertiefung Ihres Lebens an? Oder geht es Ihnen gar um Erleuchtung und yogische Vollkommenheit?*
*Diese Früchte motivieren nicht nur, mit dem Üben zu beginnen, sondern helfen auch, mit der Praxis weiterzumachen und dabeizubleiben. Das Streben nach Zielen gehört gleichsam zum Wesen des Übens. Machen Sie sich bewusst, was Sie mit einer regelmäßigen Übungspraxis alles erreichen können. Wo erfahren Sie jedoch die Grenzen des machenden Übens?*

- *aus Heuchelei durchgeführt*

*Haben Sie schon einmal erfahren, dass es Ihnen schlecht ging, obwohl Sie doch Yoga üben? Wie gehen Sie mit den nicht immer realistischen Erwartungen Ihrer Umwelt an Sie als Yogaübende um? Konnten Sie immer der Versuchung widerstehen, Wirkungen des Yoga vorzugeben, die nicht Ihrem tatsächlichen Zustand entsprachen? Sehen Sie die Möglichkeit, sich von den Erwartungen anderer Menschen an Sie zu lösen, um so den Weg des Yoga authentisch und echt zu gehen?*

*3. Von Sattva geprägtes Üben*

- *Übung um ihrer selbst willen*
- *ohne Absicht auf Erfolg durchgeführt*

*Ihr Mühen und Ihre Ausrichtung auf das Üben sind wichtig. Beobachten Sie, wie Ihre Praxis Tiefe gewinnt, wenn Sie sich nicht mehr mühen, wenn das Wollen und Denken zur Ruhe kommt und Sie ganz gegenwärtig sind.*

*4. Handeln in der Loslösung von den drei Gunas*

- *Machen Sie sich bewusst, dass ein von Sattva geprägtes Üben genau dann an Kraft gewinnt, wenn auch das Streben selbst nach hohen Zielen zur Ruhe gekommen ist und Sie offen und wach werden für das im Hier und Jetzt Notwendige.*

## *Übung*

# *Die hohe Schule des Jñāna-Yoga*

*Wenn Sie Ihren Yogaweg von Beginn an bis zum jetzigen Zeitpunkt reflektieren, so werden Sie wahrscheinlich feststellen, dass sich die Ziele Ihres Übens verändert haben. Wenn zu Beginn Fitness oder Entspannen im Vordergrund stand, dann ist mit dem Fortschreiten auf dem Weg vielleicht auch das spirituelle Ziel yogischer Vollkommenheit in den Blick gekommen. Die Bhagavadgītā beschreibt diese yogische Vollkommenheit als Leben aus dem Svadharma mit zahlreichen dem Guna Sattva zugeordneten Eigenschaften.*

*Die Auseinandersetzung mit dem eigenen Streben nach yogischer Vollkommenheit kann als hohe Schule des Jñāna-Yoga bezeichnet werden. Vom indischen Weisen Sri Ramakrishna wurde hierzu folgende Geschichte überliefert:*

> *Drei Räuber überfielen einen Kaufmann, der auf dem Weg in sein Heimatdorf war, und raubten ihn aus. Tamas wollte ihn umbringen, um alle Spuren zu beseitigen. Die anderen beiden hatten Bedenken und Rajas sagte: „Wir binden ihn an einen Baum. Es ist sein Schicksal, ob er gefunden wird oder nicht.“ Sie fesselten ihn an einen Baum und eilten davon. Nach einer Weile kehrte Sattva zurück und zerschnitt seine Fesseln. Der Kaufmann war überglücklich. „Du hast mich gerettet, komm mit in mein Dorf, ich werde dich belohnen.“*
> *„Das geht nicht“, sagte Sattva. „Ich bin bei der Polizei als Räuber bekannt. Das Einzige, was ich tun konnte, war, dich von den Fesseln zu befreien.“*

*Lesen Sie die Geschichte noch ein zweites oder gar ein drittes Mal und lassen den Inhalt auf sich wirken.*
*Konzentrieren Sie sich dann auf die Aussagen zum dritten Räuber Sattva und stellen sich der folgenden Reflexionsübung:*

*Zum Verständnis der Geschichte:*

- *Warum gilt Sattva in der Geschichte als Befreier und gleichzeitig auch als Räuber?*

*Zum Verständnis des eigenen Yogaweges:*

- *Haben Sie erfahren, dass Ihr Streben nach yogischer Vollkommenheit Ihnen auch etwas wegnimmt, Ihnen etwas raubt? Was wird Ihnen hier geraubt?*
- *Die Bhagavadgītā spricht in dieser Weise nicht nur von der Loslösung von den Gunas Tamas und Rajas, sondern von der Loslösung von allen drei Gunas, was Sattva mit einschließt. Was bedeutet dieser Gedanke der Loslösung auch vom Streben nach der Vollkommenheit für Ihren Yogaweg?*

*Nicht die Vollkommenheit der Erleuchtung ist das Ziel des Yogaweges, sondern die Loslösung vom Streben nach Vollkommenheit und Erleuchtung. Nach der hohen Schule des Jñāna-Yoga gelangen Sie genau dann an das Ziel des Yogaweges, wenn Sie den Geist der Offenheit und des Anfangens kultivieren.*

*Es gilt der alte Spruch aus der Caraka-Samhitā, dem ältesten Text des Āyurveda:*

*‚Für die Weisen ist die ganze Welt der Lehrer.'*

*Die Weisen besitzen nicht Weisheit. Weisheit bedeutet in ihrem tieferen Sinn, die Wachheit des Lernens zu kultivieren. Mit echter Weisheit wird es möglich, nicht nur von seinen Lehrern lernen zu können, sondern auch von seinen Schülern, nicht nur von den Eltern, sondern auch von seinen Kindern. Und letztendlich bedeutet Weisheit, von der ganzen Welt zu lernen.*
*Die Übung der hohen Schule des Jñāna-Yoga besteht darin, mit dem Lernen nie aufzuhören und so offen zu bleiben für die sich immer wieder verändernden Notwendigkeiten des Hier und Jetzt.*

# Bhakti-Yoga - Yoga der religiösen Übungspraxis

## Grundlagen

*Die Bhakti-Bewegung als Reformbewegung des Hinduismus*

Der Sanskritbegriff *Bhakti* kann mit ‚Hingabe', insbesondere mit der ‚religiösen Hingabe' des gläubigen Menschen an die von ihm verehrte Gottheit übersetzt werden. Religionsgeschichtlich geht dieser Begriff auf die *Bhakti*-Bewegung zurück, eine gegen die Macht der Brahmanen gerichtete Reformationsbewegung innerhalb des Hinduismus. Die Bewegung entfaltete sich vor allem im vishnuitischen Hinduismus im Glauben an *Krishna* und *Rama* als den beiden wichtigsten Inkarnationen des Gottes *Vishnu*. Von hier aus konnte der *Bhakti*-Kult auch in nahezu allen anderen Strömungen der hinduistischen Religionswelt Fuß fassen. Neben der *Bhagavadgītā* zählt vor allem das einige Jahrhunderte später entstandene *Bhāgavata-Purāna* zu den zentralen *Bhakti*-Texten.

Die Anhänger der *Bhakti*-Bewegung wendeten sich gegen den starren Formalismus und veräußerlichten Ritualismus einer hinduistischen Priesterschaft, die das genaue Befolgen überlieferter Dogmen und das akribische Einhalten der vorgeschriebenen Riten in den Mittelpunkt ihrer religiösen Praxis stellte. Während die Brahmanen davon ausgingen, dass ein Fehler im Ritual schlimmste Folgen nach sich ziehen muss, stellten die *Bhaktas* die Bedeutung der Ordnungen grundsätzlich in Frage.

Das Verhältnis des gläubigen Menschen zu Gott sollte weder objektiviert noch in irgendeiner Weise durch Regeln kontrolliert werden. Die *Bhaktas* waren meist einfache Menschen, die sich mit dem Herzen berühren lassen wollten. Gegen das Befolgen von Dogmen setzten sie *Bhakti,* das Gefühl der persönlichen Hingabe des Gläubigen an die verehrte Gottheit. Gegen das Einhalten von Regeln setzten sie das Erfülltsein von Gott. Alles Handeln galt es aus dem Geist der Hingabe an Gott zu entfalten. Immer und überall sollte es möglich sein, die Nähe Gottes zu spüren. Jede Handlung wurde von den Anhängern der *Bhakti*-Bewegung mit der Bitte um göttliche Führung eingeleitet und mit dem Dank für die göttliche Gnade abgeschlossen. Indem man so alles dem Schutz der göttlichen Führung unterstellte, sollte das ganze Leben als Gottesdienst gefeiert werden.

*Von der Bhakti-Bewegung zum Bhakti-Yoga*

Obwohl sich der Übungsweg des *Bhakti-Yoga* aus der *Bhakti*-Bewegung heraus entwickelte, ist es doch von zentraler Bedeutung, zwischen der *Bhakti*-Bewegung als religiöser Reformbewegung und dem *Bhakti-Yoga* als Übungsweg des Yoga zu unterscheiden. Beidem wird in der *Bhagavadgītā* große Wertschätzung entgegengebracht.

Die Anhänger der *Bhakti*-Bewegung verstehen Glauben an Gott als liebende Hingabe an eine außerhalb des Menschen vorgestellte Gottheit. Durch ihre liebende Hingabe an Gott erhoffen sie, nach ihrem Tod nicht mehr wiedergeboren zu werden und in himmlische Welten eingehen zu dürfen. Auch der Übungsweg von *Bhakti-Yoga* kennt die liebende Hingabe an eine außerhalb des Menschen vorgestellte Gottheit. Sie bildet jedoch nur den Beginn des Übungsweges.

Die religiöse Praxis wandelt sich zur Übungspraxis, indem die Hingabe an Gott von außen nach innen gewendet wird. Die religiöse Praxis wird zur Übung des *Bhakti-Yoga*, um ein inneres Erfahren Gottes zu kultivieren. Der Blick richtet sich so nicht auf das Leben in Gott nach dem Tod, sondern auf die Gotteserfahrung im Hier und Jetzt. *Bhakti-Yoga* kann in dieser Weise als Übungsweg der Schulung des Bewusstseins für die verborgene göttliche Stimme in der Tiefe des menschlichen Seins verstanden werden.

*Die drei Schritte des Bhakti-Yoga*

In der *Bhagavadgītā* werden die Grundlagen des *Bhakti-Yoga* insbesondere im 12. Kapitel entwickelt. Die drei Schritte des *Bhakti-Yoga* bringt vor allem folgender Vers kurz und bündig auf den Punkt:

*Auf mich wahrlich richte dein Denken (manas). Lasse das erwachende Erkennen (buddhi) in mich eingehen. Dann wirst du künftig in mir leben. Darüber gibt es keinen Zweifel. (Bhagavadgītā 12.8)*

Zunächst gilt es die Übung auf *Krishna* auszurichten. Der Text spricht von *Manas*. Ähnlich wie der englische Begriff ‚mind' meint auch *Manas* nicht nur das Denken, sondern auch das Fühlen des menschlichen ‚Gemütes'. Der Geist soll nicht mehr auf die Dogmen und Gebote der heiligen Schriften ausgerichtet werden, sondern in liebender Hingabe auf *Krishna* selbst.

Diese Ausrichtung auf *Krishna* bildet den Türöffner für den zweiten Schritt, die Wendung von außen nach innen. Äußere Hingabe wandelt sich zu einer inneren Hingabe. Nun geht es um *Buddhi*, um das Erkennen des inneren Göttlichen. Das Erkennen von *Buddhi* ist nicht durch die Erkenntnis einer logischen Schlussfolgerung zu erreichen. *Buddhi* weist auf ein erwachendes Erkennen, in dem die Intuition für die innere göttliche Stimme aufbricht. Die Hingabe an ein außerhalb des Menschen vorgestelltes Göttliches wird nun nach innen ausgerichtet und kann so im Fortschreiten auf dem Weg den Übenden für ein Erfahren der inneren Göttlichkeit öffnen.

Entscheidend für die Praxis des *Bhakti-Yoga* ist dann der dritte Schritt, die Rückkehr in die Welt des Handelns. Es nützt wenig, sich des *Svadharma* als der inneren Bestimmung bewusst zu sein, seine Bestimmung jedoch nicht in der konkreten Praxis zu leben. *Krishna* kündigt *Arjuna* an: ‚Dann wirst du künftig in mir leben.‘ *Bhakti-Yoga* heißt letztendlich gelebte Hingabe im Leben aus dem Göttlichen mitten in der Welt.

*Die Notwendigkeit des wiederholten Übens*

Wenn *Krishna* in dem oben zitierten Vers auch hinzufügt, dass über den Erfolg des *Bhakti-Yoga* kein Zweifel besteht, so macht er doch klar, dass die Perspektive des Lebens aus dem Göttlichen nicht mit einem einmaligen Akt der Hingabe realisiert ist. Auch *Bhakti-Yoga* bietet kein Zaubermittel:

*Wenn du aber deinen Geist (citta) nicht ohne abzuschweifen auf mich richten kannst, dann suche mich durch beharrliche Yogaübung (abhyāsa-yoga) zu erreichen, oh Schatzgewinner. (Bhagavadgītā 12.9)*

Auch der *Bhakti-Yogī* ist in seinem Alltagsbewusstsein wie in einem Hamsterrad der inneren Gebundenheit getrieben. Wenn der Geist zu Beginn der Übung auf die Gottheit ausgerichtet wird, so stehen die Übenden jedoch meist sehr schnell vor dem Problem, dass sich immer wieder auch andere Gedanken oder Gefühle aufdrängen. Auch die Übung des *Bhakti-Yoga* kennt das Phänomen des abschweifenden Geistes, so dass nach *Krishnas* Worten die beharrliche Yogaübung (*abhyāsa-yoga*) notwendig ist. Immer wieder gilt es den Geist in der liebenden Hingabe von *Bhakti* auf Gott auszurichten, um dann diesen gebündelten Geist in der Intensivierung der Hingabe für das erwachende Erkennen zu öffnen. Und immer wieder gilt es das erwachende Erkennen zurück in die Welt zu tragen, so dass das Leben aus der inneren Bestimmung durch das wiederholte Üben immer mehr Kraft gewinnen kann.

Selbst wenn im 12. Kapitel die Notwendigkeit des stetigen Übens betont wird, so ist in der *Bhagavadgītā* doch zu lesen, dass es sich im Vergleich mit anderen Übungswegen bei *Bhakti-Yoga* um einen eher leicht zu gehenden Weg handeln solle. Der *Bhakti-Yogī* übe nicht mit dem schwer zugänglichen, abstrakt-philosophischen Denken des *Jñāna-Yoga.* Ihm eröffne sich der viel leichtere Weg der liebenden Hingabe an Gott. Es ist jedoch zu vermuten, dass hier ganz aus der Begeisterung eines Anhängers des *Bhakti-Yoga* gesprochen wird. Möglicherweise fällt das Üben von *Bhakti-Yoga* nur dem religiösen Menschen leicht, während der Intellektuelle seine Freude im Üben mit dem abstrakten Reflektieren im *Jñāna-Yoga* findet.

## Praxis

*Bhakti-Yoga als Übungsweg in allen Religionen*

*Bhakti-Yoga* zeigt eine Praxis für den religiösen Menschen. Dabei kann *Bhakti-Yoga* keinesfalls nur von vishnuitischen *Krishna*-Verehrern geübt werden. Der Übungsweg ist nicht auf eine bestimmte Religion oder einen bestimmten Glauben festgelegt. In diesem Sinne wurde von *Sri Ramakrishna*, dem bekanntesten *Bhakti-Yogi* des 19. Jahrhunderts, folgendes Gleichnis überliefert:

*Gott kann auf allen Wegen verwirklicht werden. Alle Religionen sind wahr. Das Wichtige ist nur, das Dach zu erreichen. Man kann es auf Steintreppen erreichen oder auf Holztreppen oder auf einer Bambustreppe oder mit Hilfe eines Seils. Man kann klettern oder auch eine Bambusstange benutzen.*

*(Sri Ramakrishna in: The Gospel of Ramakrishna, 39)*

Viele Menschen glauben an einen Gott, indem sie annehmen, dass es Gott oder die Götter in einer jenseitigen Welt gibt. Das Bild spricht von Gott hoch oben auf dem Dach des Hauses. Der diesseitige Mensch glaubt an den jenseitigen

Gott, zu dem er erst gelangen kann, wenn er nach seinem Tod ins Jenseits aufgenommen wird.

Der Übungsweg des *Bhakti-Yoga* ist nun mit dem Aufstieg zum Dach des Hauses zu vergleichen, um Gott nicht erst nach dem Tod, sondern schon im diesseitigen Leben zu erfahren. Dazu ist es notwendig, dass der Mensch einen Aufgang benutzt. Dieser Aufstieg zum Dach kann durch *Bhakti* gelingen, die liebende Hingabe an das innere Göttliche in jedem Menschen.

Der Aufstieg kann nach dem Bild dabei durchaus unterschiedlich erfolgen. Für die einen bilden Steintreppen die Möglichkeit, auf das Dach des Hauses zu gelangen, für die anderen sind Bambustreppen geeignet und wieder andere sehen ein Seil als idealen Weg. Die einen üben die Hingabe an *Krishna*, die anderen an *Shiva*. *Ramakrishna* hatte jedoch auch die Hingabe an *Jesus Christus*, *Allah* oder jede andere Gottheit in der Vielfalt der Religionen im Blick. Immer geht es darum, nicht am Boden zu verharren, sondern einen Weg des Aufstiegs zur Gotteserfahrung im Hier und Jetzt zu gehen.

Nach dem Bild wird keinesfalls behauptet, dass überall, wo es Religionen gibt, auch Wege des Aufstiegs zu Gott gegangen werden. Wahrscheinlich ist es sogar so, dass die meisten Gläubigen auf dem Boden verharren und auf die Gotteserfahrung im Jenseits nach dem Tode hoffen. In allen Religionen ist jedoch *Bhakti-Yoga* als religiöser Übungsweg möglich.

*Die gewählte Gottheit als persönliches Ideal*

Welcher der vielen religiösen Wege ist der geeignete? *Arjuna* glaubt an *Krishna* als die Inkarnation des hinduistischen Gottes *Vishnu*. Allein der Hinduismus kennt eine kaum zu überschauende Anzahl von Gottheiten. Es gibt den Glauben an viele Götter oder auch nur an einen Gott. Es ist möglich, an Gott als Vater zu glauben oder auch als Mutter, Freund oder Freundin. Andere sprechen vom Numinosen, Heiligen, vom göttlichen Universum, von der kosmischen Energie oder vom All-Einen.

Wer an Gott als Vater glaubt, wird sich nicht auf Gott als Mutter einlassen können. Wer Gott als Freund sieht, wird mit Gott als kosmischer Energie nicht viel anfangen. Vielleicht ist Gott unsagbar und entzieht sich jeglicher menschlicher Vorstellungskraft. Um sich Gott vertrauensvoll hingeben zu können, ist es jedoch notwendig, sich Gott konkret vorzustellen. Mehr noch, es gilt, die Vorstellung zu finden, die einem am meisten entspricht, auf die sich die Gläubigen mit ihrer liebenden Hingabe ausrichten können.

In diesem Sinn spricht *Bhakti-Yoga* von der Hingabe an die *‚ishta devatā'*, an die ‚gewählte Gottheit' als das persönliche Ideal. Es gilt, die eine Gottheit zu finden, auf die sich das Herz mit Leichtigkeit und großer Freude ausrichten kann. Die Wahl geschieht nicht in freier Beliebigkeit, so dass einmal diese Gottheit und ein anderes Mal eine andere Gottheit zu wählen ist. Das Verhältnis zwischen dem Gläubigen und seiner gewählten Gottheit ist eher mit der Beziehung zwischen dem Liebenden und seiner Geliebten zu vergleichen. Die gewählte Geliebte ist einzigartig. Sie ist im Idealfall für ihn die einzig mögliche. Und trotzdem gibt es für andere Menschen andere Liebende, die ihre Geliebte in genau der gleichen Weise auch als die einzig mögliche betrachten.

Wie ein verliebter Mensch seine Partnerin oder seinen Partner als einzig mögliches Ideal betrachtet, so richtet sich der *Bhakti-Yogī* auf seine gewählte Gottheit als sein persönliches Ideal aus, dem er sich hingibt mit allem, was er ist, ohne die Ideale der anderen Gläubigen auszuschließen. Immer geht es jedoch um eine Herzenssache. Für die Praxis des *Bhakti-Yoga* ist die Gottheit zu wählen, zu der man sich hingezogen fühlt, auf die man ohne Einschränkung vertrauen kann. Nur dann wird es möglich, dass diese Hingabe wächst und letztlich in der Gotteserfahrung mündet.

*Der Gottesdienst als Übungspraxis des Yoga*

Die Übung der liebenden Hingabe an die gewählte Gottheit geschieht nun nicht im luftleeren Raum, sondern in der konkreten religiösen Praxis. In den in der Tradition des *Bhakti-Yoga* vorliegenden Texten handelt es sich verständlicherweise um eine spezifisch hinduistische Praxis. Im Zentrum steht das Opferritual vor einer *Mūrti* genannten Darstellung einer hinduistischen Gottheit (*mūrti*: Verkörperung, Götterstatue). Dabei ist es besonders die hinduistische Kultur, die eine höchst gegenständliche und bunte Götterwelt hervorgebracht hat, die in der Welt der Religionen ihresgleichen sucht. Götter werden hierbei nicht nur in menschlicher Gestalt, sondern auch mit Vorstellungen aus der Tierwelt verbunden, vom Affen über den Elefanten bis hin zur Schlage.

Hindus opfern diesen Götterstatuen Blumen, Früchte oder Räucherwerk, um mit ihren Opfergaben Schutz und Hilfe zu erbitten. Der Gottesdienst wird dann zur Übung des *Bhakti-Yoga*, wenn nicht nur Blumen, Früchte und Räucherwerk, sondern die hiermit verbundenen Wünsche geopfert werden. Das Opferritual wandelt sich zur Übung der Hingabe aller gewünschten Früchte des Handelns. In der Übung wird die Hingabe an die zunächst im Außen vorgestellte Gottheit Schritt für Schritt nach innen gewendet. Der Gottesdienst, der mit der Hingabe an das vor dem Gläubigen stehende Götterbild begann, wandelt sich zur Hingabe an das innere Göttliche, bis *Bhakti* schließlich zur Grundhaltung des Lebens heranreift.

*Den Weg des Bhakti-Yoga in die Tiefe gehen*

Die Perspektive des *Bhakti-Yoga* wird dann mit ganz ähnlichen Worten formuliert, wie man sie auch schon für den Weg des *Jñāna-Yoga* gewählt hatte:

*Wer gleich gesinnt ist gegenüber Freund und Feind und so auch gegenüber Ehre und Schande, gegenüber Kälte und Hitze, Glück und Leid gleich gesinnt, frei vom Anhaften, gleichmütig gegenüber Tadel und Lob, wer aus der Stille lebt, mit allem zufrieden ist, ohne Zuhause, festen Sinnes, der voll der Hingabe (bhakti) ist, dieser Mensch ist mir lieb.*
*(Bhagavadgītā 12.18-19)*

*Jñāna-Yoga* übt mit den Mitteln des reflektierenden Denkens und *Bhakti-Yoga* mit der liebenden Hingabe an Gott. Und doch wird das Ziel beider Übungswege mit fast deckungsgleich klingenden Begriffen beschrieben. Leitmaßstab des Handelns ist nicht mehr die Suche nach Freunden, Ehre, Glück oder Lob oder die Abwehr von Feinden, Schande, Leid oder Tadel. In der gelebten Hingabe von *Bhakti* an das innere Göttliche erlangt der Mensch eine Kraft, durch die sich die Anhaftungen an die äußeren Gegensatzpaare zu lösen beginnen. In innerer Ruhe erfährt der Mensch das, was wirklich zählt. Er lebt festen Sinnes die Klarheit und Stabilität seines inneren, göttlichen *Svadharma.*

## Das Üben mit dem göttlichen Klang

*Die bedeutendste Praxis in der Vielfalt der Übungsformen*

*Bhakti-Yoga* wandelt den hinduistischen Gottesdienst zu einer Übungspraxis des Yoga. Ganz im Sinne des Bildes von den zahlreichen Möglichkeiten des Aufstiegs auf das Dach eines Hauses ist es prinzipiell möglich, nicht nur das hinduistische Opfer, sondern auch den christlichen Gottesdienst, wie auch jedes andere religiöse Ritual, als Übungspraxis des

*Bhakti-Yoga* in die Tiefe zu führen. Von *Ramakrishna* ist überliefert, dass er Übungsformen aus verschiedenen Religionen praktizierte und ihm so auf unterschiedlichen religiösen Wegen Gotteserfahrungen zuteilwurden. Es steht somit jedem Yogaübenden frei, seine religiöse Praxis durch *Bhakti-Yoga* inspirieren zu lassen. Für den im westlichen Kulturkreis geübten Yoga erweist sich jedoch eine andere Praxis des *Bhakti-Yoga* in ganz besonderer Weise als hilfreich, die als das Üben mit dem göttlichen Klang bezeichnet werden kann.

*Am Anfang war der Klang*

Aus dem Evangelium nach Johannes ist das Diktum ‚Am Anfang war das Wort' bekannt, wodurch das Denken der abendländischen Tradition so treffend auf den Punkt gebracht wird. Am Anfang steht das Wort als der *Logos*, als das Wort der Vernunft. Der Kosmos ist nicht als eine Ansammlung von Zufällen zu verstehen. Die Welt gründet auf eine Ordnung, auf den vernünftigen Plan, den Plan göttlicher Vernunft.

Parallel und doch ganz anders gilt für die auf den *Veda* gründende hinduistische Kultur das Diktum ‚Am Anfang stand der Klang'. Wenn der als *Nada* bezeichnete göttliche Klang durchaus in großer Vielfalt ertönen kann, so gründet dieses göttliche Klingen letztendlich nur auf einen einzigen Klang, auf den als *Pranava* bezeichneten ‚heiligen Klang'. Wird der *Pranava* vom Menschen ausgesprochen oder besser zum Klingen gebracht, dann ertönt OM. Dem Urmantra OM ist somit keine lexikalisch konkret festlegbare Bedeutung zuzuordnen. Mit OM erklingen alle anderen unzähligen Worte, die der Mensch aussprechen kann. Die Meditation mit dem Mantra OM wurde schon früh zu einer der wichtigsten Übungsformen des Yoga. So werden die im *Bhakti-Yoga* rezitierten vedischen Mantras allgemein mit dem Tönen des OM eingeleitet.

*Der Veda als das ‚Gehörte'*

Nach vedischem Glauben ist es dieser göttliche Urklang, aus dem alle Worte hervorgehen, die der Mensch zu sprechen vermag. Aus dem Urklang entstand die Welt. Insbesondere gilt der Urklang auch als der Ursprung des *Veda* als dem gründenden heiligen Text der hinduistischen Religionswelt. Der *Veda* wurde nach traditioneller Auffassung von *Rishis* genannten weisen Männern ‚gehört' und in der Rezitation zum Klingen gebracht. In westlichen Übersetzungen werden die *Rishis* gerne als ‚Seher' bezeichnet. Die *Rishis* haben jedoch nichts gesehen. Sie haben gehört. Bei dem von ihnen rezitierten *Veda* handelt es sich hiernach auch nicht um eine heilige Schrift, wie man sie im Christentum mit der *Bibel*, im Islam mit dem *Koran* und im Judentum mit der *Thora* kennt. Der *Veda* ist *Shruti*, das heißt das ‚Gehörte'.

Natürlich haben die Worte des *Veda* auch eine Bedeutung, wenn hier Hymnen an die Götter formuliert oder Opferrituale beschrieben werden. Neben der Bedeutung steht jedoch immer auch der Klang. Klang und Bedeutung sind als zwei Seiten einer Medaille aufs Engste miteinander verbunden. Wenn im christlichen Abendland etwas als wahr betrachtet wurde, wenn es in einer heiligen Schrift geschrieben stand, so liegt die Wahrheit des *Veda* auch im Erklingen seiner Rezitation.

*Die Überlieferung in der oralen Tradition*

Im Unterschied zur Schriftkultur des Abendlandes basiert die Überlieferung der Worte des *Veda* somit nicht auf dem immer wieder erneuten Abschreiben von auf Papyrus, Pergament oder Papier geschriebenen Texten. Der *Veda* wurde in oraler Tradition durch Rezitieren und Hören weitergegeben.

Für den westlichen Leser ist hierbei zu betonen, dass man den *Veda* nicht deswegen nicht aufschrieb, weil man es nicht gekonnt hätte, sondern weil man es nicht wollte. Durch das Aufschreiben wäre eine wichtige Dimension der Texte verloren gegangen: der Klang der Worte. Der Klang konnte nur durch Rezitation und das Hören überliefert werden. In oraler Überlieferung wurden die Texte rezitiert, auswendig gelernt und so von Generation zu Generation über die Jahrhunderte überliefert.

Wenn die ältesten Texte des *Veda* vor mehr als 3 000 Jahren in Indien entstanden sind, wie konnten diese über einen so langen Zeitraum textgetreu bis zum heutigen Tag überliefert werden, und dies mit einer oft größeren Präzision als in der abendländischen Schriftüberlieferung? Wie war es möglich, dass der Schüler nicht nach Belieben den heiligen Texten etwas hinzufügte oder etwas wegließ, wenn ihm der Inhalt nicht gefiel? Und selbst wenn der gute Wille vorausgesetzt werden konnte, wie war es möglich, dass die Schüler sich nicht verhörten und sich die Texte in dieser Weise unabsichtlich mit der Zeit veränderten?

*Die ununterbrochenen Traditionslinien*

Um eine textgetreue mündliche Überlieferung gewährleisten zu können, wurde die persönliche Begegnung zwischen Lehrer und Schüler nicht nur zentral, sondern bildete die Voraussetzung, dass wortgetreue Überlieferung überhaupt stattfinden konnte. Nicht jedem Lehrer durfte dabei vertraut werden. Nur der Lehrer, der in einer *Paramparā* genannten ununterbrochenen Überlieferungskette von Lehrern und Schülern stand, wurde als vertrauenswürdig gesehen.

Nicht nur die Lehrer, sondern auch die Schüler wurden sorgfältig ausgewählt. Erst nach umfangreichen Prüfungen wurden Schüler in eine Traditionslinie aufgenommen und konnten dann die heiligen Texte empfangen. Die Notwendigkeit eines persönlichen Gurus, der in einer Traditionslinie zu stehen hat, entwickelte sich so zum Grundprinzip der hinduistischen Lehrpraxis, das weit über die Überlieferung des *Veda* hinaus bis in die Lehre des Yoga hinein wirkte.

Durch die Traditionslinien konnte auch die Zahl der Menschen radikal beschränkt werden, denen der Zugang zu den Texten erlaubt war. Nichteingeweihten war die Rezitation des *Veda* verboten, wobei der Kreis der Eingeweihten sich auf die männlichen Angehörigen der obersten drei Kasten beschränkte, oft jedoch auch nur der Priesterkaste der Brahmanen vorbehalten war. Frauen waren in jedem Fall ausgeschlossen, selbst wenn sie der Priesterkaste angehörten. Dass heute so zahlreichen Frauen, und dies auch noch aus der westlichen Kultur, Zugang zu der oft als *Vedic Chanting* bezeichneten *Veda*-Rezitation gewährt wird, ist aus traditioneller Sicht somit durchaus als Revolution zu werten.

*Die Formalisierung der vedischen Rezitationspraxis*

Vor allem hing die textgetreue Weitergabe der mündlichen Überlieferung vom genauen Einhalten der vorgegebenen Rezitationsregeln ab. Für die Bedeutung eines Wortes konnte es entscheidend sein, ob ein Vokal kurz oder ob er lang gesprochen wurde. Selbst geringe Veränderungen in der Aussprache konnten den Text verändern. Jeder Laut eines Wortes musste in genau festgelegter Betonung und in einem bestimmten Rhythmus rezitiert werden.

Die genaue Beachtung der Gebote und Verbote der Rezitation eröffnete jedoch nicht nur die Möglichkeit einer oralen Tradierung der Texte. Es entstand der Glaube, mit der korrekten Rezitationsweise die Texte des *Veda* mit Macht aufladen zu können. Die Verse des *Veda* entwickelten sich zu einer Form magischer Zaubersprüche, wobei es nicht nur darauf ankam, zu dem exklusiven Kreis zu gehören, der Zugang zu den Texten hatte. Man musste auch wissen, mit welchen

Regeln sie zu rezitieren waren. Wer die entsprechenden Verse kannte und sie korrekt zu rezitieren wusste, von dem glaubte man, dass er mit der Rezitation Krankheiten beseitigen oder das Wetter beeinflussen könne. Schutzverse sollten vor Schaden schützen, von schlechten Einflüssen anderer Menschen bis hin zur Abwehr schädlicher Planetenkonstellationen.

Wenn das Befolgen der Regeln die gewünschten Früchte hervorzubringen vermochte, heißt dies notwendigerweise, dass ein Abweichen als schwerer Fehler betrachtet werden musste. Jede falsch gesetzte Betonung konnte eine beabsichtigte Wirkung sogar ins Gegenteil verkehren. Mit einem nicht richtig ausgesprochenen Laut stand der Rezitierende in der Gefahr, schweren Schaden auf andere und auch auf sich herabzurufen. Immer mehr schoben sich eine Fülle von Regeln, Geboten und Verboten über den inneren Sinn der Texte. So war der Boden für den *Bhakti-Yoga* bereitet.

*Von der Einhaltung von Regeln zur vertrauensvollen Hingabe*

In dieser Weise erzählen die Meister des *Bhakti* in zahlreichen Variationen immer wieder Geschichten von einem Schüler, der zwar in die korrekte Rezitation eingeweiht ist, die Worte des Lehrers jedoch akustisch nicht richtig versteht. Im Unterschied zu allen seinen Mitschülern rezitiert er die heiligen Worte daraufhin vollkommen falsch. Manchmal rezitiert er sogar Nonsens-Texte. Immer tut er dies jedoch mit der liebenden Hingabe von *Bhakti,* mit einem aus der Tiefe seines Seins strömenden Vertrauen. Interessanterweise sind es dann nicht diejenigen, die alles korrekt machen, sondern es ist der mit liebender Hingabe rezitierende Schüler, dem die entscheidenden Erfahrungen zuteilwerden.

Gegen das Korsett von Geboten und Verboten der korrekten Rezitation setzt die Praxis des *Bhakti-Yoga* die vertrauensvolle Haltung der Hingabe. Auch kommt es gerade nicht mehr auf die durch die Rezitation bewirkten Früchte an. Nichts kann geplant, bestellt oder herbeigezaubert werden. Die Ausrichtung auf die Früchte der Rezitation wird in eine Haltung der Hingabe und des grundlosen Vertrauens transformiert.

Selbst wenn der Text ein Bittgebet zum Ausdruck bringt, geht es nicht um eine Bitte, sondern um ein Sich-Einlassen auf die innere göttliche Kraft, der alles Bitten überlassen wird. Das Bittgebet wird zur Öffnung für das Unverfügbare, um bereit zu werden und das anzunehmen, was wirklich der ureigenen Bestimmung entspricht. In liebender Hingabe an die gewählte Gottheit werden alle irdischen wie auch spirituellen Früchte Gott übergeben, um so das Bewusstsein für den ursprünglichen göttlichen Willen zu fördern und diesem inneren göttlichen Willen im eigenen Leben Kraft zu geben.

*Rezitation vedischer Mantras*

Die *Bhakti-Yogīs* übernehmen so die Praxis der vedischen Rezitation, richten sie jedoch in einer ganz neuen Weise aus. Alles richtig zu machen, um die gewünschten Früchte zu erhalten, ist für die Praxis des *Bhakti-Yoga* nicht genug. Natürlich ist es besser, alles richtig zu machen, als alles falsch zu machen. So heißt dies nicht, dass für den *Bhakti-Yoga* Regeln und Technik überhaupt keine Rolle mehr spielen. Die Art und Weise der Rezitation, der Rhythmus, die Melodie, die Intonation sind nicht beliebig. All dies tritt jedoch in den Hintergrund. Entscheidend wird die geistige Haltung. Entscheidend werden *Bhakti,* die Hingabe, und das aus der Tiefe lebende Vertrauen, das liebende Gefühl, das Einlassen auf den Klang der Worte, das Mitschwingen mit der Resonanz des Rhythmus, aus dem die Kraft der Übung erwächst.

Um die Hingabe in der Rezitation zu fördern, wurde auch der Umfang der äußerst langen Texte des *Veda* auf die Rezitation nur einzelner Verse reduziert. Statt der Rezitation von tausenden von Worten des *Veda* beschränkt man sich auf nur einen einzelnen Vers. Dieser Vers wird nun zu einem Mantra, einem ‚Werkzeug des Denkens und Fühlens'. So entwickelte man die Übung des *Mantra-Japa* (*japa*: Flüstern, Murmeln, Wiederholen), in der vedische Verse als *Gāyatrī-Mantra* oder *Triyambakam-Mantra* oft über mehrere Stunden hinweg in immer wieder erneuten Wiederholungen rezitiert werden.

*Chanten von Kirtans und Bhajans*

Neben der Rezitation vedischer Mantras entwickelte sich dann vor allem das Chanten von *Kirtans* und *Bhajans* als die zentrale Übung des *Bhakti-Yoga*. Die Begriffe *Kirtan* und *Bhajan* werden oft in sehr ähnlicher Bedeutung als Bezeichnung für in den indischen Religionen entstandene religiöse Lieder gebraucht. Typisch für den *Kirtan* ist das Singen mit einem Ruf des Vorsängers und der entsprechenden Antwort des Chores (nach *kīrtana*: Erzählen, Wiederholen). Der Begriff *Bhajan* wird eher allgemeiner als Bezeichnung für hingebungsvoll gesungene religiöse Lieder verwendet (nach *bhajana*: Verehren). Im Unterschied zum *Veda* sind die Texte der *Kirtans* und *Bhajans* immer einfacher Natur. Die Lieder können in einfachem Sanskrit, jedoch auch in jeder anderen Sprache gesungen werden.

*Kirtans* und *Bhajans* sind als religiöse Lieder der Welt des *Bhakti*-Kultes zuzuordnen. Zur Übung des *Bhakti-Yoga* werden sie, indem man die Texte auf oft nur wenige Worte kürzt. Meist werden nur Gottesnamen aneinandergereiht oder hinduistische Gottheiten in immer wieder erneuten Wiederholungen angerufen. Heute findet man das oft als Chanten bezeichnete *Mantra-Japa* von *Kirtans* und *Bhajans* als weit verbreitete Praxis in vielen indischen Ashrams und vermehrt auch in westlichen Yogakursen.

*Vom rationalen Verstehen zum hingebungsvollen Erklingenlassen*

Obwohl viele der *Mantras* durchaus zu übersetzen sind und somit eine rational nachzuvollziehende Bedeutung haben, ist die Bedeutung eines *Mantras* nur zu einem relativ kleinen Teil durch Analyse des Verstandes zu erfassen. Viel wichtiger als das rationale Verstehen ihrer Bedeutung ist die Übungspraxis des Klangs, des Klingens und des Erklingenlassens. Die *Mantras* in einer dem westlichen Yogaübenden unbekannten Sprache zu singen, hat somit durchaus den Vorteil, die Worte nicht mit den Vorurteilen unseres mitgebrachten Verständnisses zu belasten. Wenn jedoch das natürliche Informationsbedürfnis des Verstandes nicht gestillt werden kann, fällt es vielen Yogaübenden schwer, sich hingebungsvoll auf die Übung einzulassen. Aus diesem Grund sind in den folgenden Übungen, neben kurzen Hinweisen zur Rezitationstechnik, auch eine Übersetzung der *Mantras* und einige erklärende Worte beigefügt.

Hierbei soll nicht der allgemein üblichen Praxis gefolgt werden, die Übersetzungen der Mantras den Bedürfnissen der westlichen Yogaübenden anzupassen. Wird im Mantra *Vishnu* oder seine Inkarnation *Krishna* angerufen, so werden die Namen dieser hinduistischen Götter nicht selten in scheinbaren Übersetzungen als ‚allgegenwärtige Gottheit', ‚inneres Göttliches' oder ‚innere göttliche Energie' wiedergegeben. Da die Götter oft nicht mit ihrem bekannten Namen, sondern mit ihren zahlreichen Beinamen genannt sind, fällt dies auch den westlichen Yogaübenden nicht weiter auf.

Die hier verwendeten wörtlichen Übersetzungen werden dem Mantra als Übungswerkzeug der Hingabe jedoch keinen Abbruch tun. Dem Hindu wird es leichtfallen, sich einer hinduistischen Gottheit als seiner ‚gewählten Gottheit' vertrauensvoll hinzugeben. Aber auch für westliche Yogaübende kann im Sich-Einlassen auf den Klang das meditative Rezitieren oder Chanten zum Fahrzeug werden, das in die Tiefe führt. Mit welchem Wort die ‚gewählte Gottheit' auch benannt wird, immer geht es im Sinn des *Bhakti-Yoga* letztendlich doch um das Wachwerden für den vergessenen göttlichen Klang unseres eigenen Lebens, der in der *Bhagavadgītā* mit dem Begriff *Svadharma* zum Ausdruck gebracht ist.

## *Übung*

### *Meditatives Tönen*

*Vorbereitung von Körper und Atem*

- *Nehmen Sie eine aufrechte und gleichzeitig entspannte Sitzposition ein, auf dem Boden, auf einem Stuhl oder einem Hocker.*
- *Lenken Sie die Aufmerksamkeit auf Ihren Atem, indem Sie einige Male bewusst ein- und wieder ausatmen.*

*Die Praxis des Tönens*

- *Mantra der Vokale: Die Vokale a-e-i-o-u werden in sich wiederholenden Zyklen gesungen. Konzentrieren Sie sich zunächst achtsam und in angenehmer Lautstärke auf ein langes aaaa. Nach einem Zwischenatem folgt ein eeee, ein iiiii, ein oooo und uuuu, um wieder mit dem aaaa zu beginnen. Achten Sie darauf, wie Sie sich mit der Zeit auf den Klang und das Klingen einschwingen können.*
- *Klangteppich von Vokalen: In der Gruppe tönt jede und jeder immer wieder einen Vokal in der eigenen Lautstärke und Tonhöhe, tönend und lauschend zugleich.*
- *Klangteppich mit OM: In der Gruppe tönt jede und jeder den Laut OM mit einem langen ooooomm in der eigenen Lautstärke und Tonhöhe, worauf nach einem Zwischenatem der Laut immer wieder erneut zum Klingen gebracht wird.*

*Schweigen Sie, wenn der letzte Ton verklungen ist, und lauschen Sie auf die Schwingung des Klangs in der Stille.*

*Hingabe von Bhakti*

- *Vertrauen Sie sich dem Tönen an. Es gilt, aus dem Herzen heraus zu tönen. Lassen Sie im Tönen Ihr Herz berühren. Wenn am Anfang die Übung noch stockend und mechanisch erfolgt, brauchen Sie sich nicht zu ärgern. Sobald Sie Sicherheit gewinnen, lassen Sie los von allem angestrengten Machen und Tun. Sie müssen weder denken noch etwas leisten. Mit der Zeit werden Sie sich auf den Klang und den Rhythmus immer mehr einschwingen und einlassen können.*
- *Begeisterung ist wichtiger als die korrekte Aussprache oder Melodieführung. Nicht Ernst und Genauigkeit stehen im Mittelpunkt, sondern die vertrauensvolle Hingabe. Für das meditative Tönen sind keine kunstvollen Singfähigkeiten notwendig, sondern die Hingabe und Freude am Klang.*
- *Treten Sie in Resonanz*
  - *zuerst zum eigenen Tönen,*
  - *dann zum Klang der Mittönenden*
  - *und zuletzt mit dem Klang des Raumes, in dem Sie tönen.*

  *Mit der Zeit werden Sie merken, dass nicht Sie tönen, sondern es in Ihnen tönt. Sie schwingen mit dem göttlichen Klang und vielleicht auch mit dem Klang, der Sie mit dem ganzen Kosmos verbindet.*

## *Übung*

### *Rezitation vedischer Mantras*

*Wenn im Bhakti-Yoga die Gebote des richtigen Rezitierens in den Hintergrund treten, so ist doch keine Respektlosigkeit gegenüber den Regeln vedischer Rezitation beabsichtigt. Es gilt keinesfalls, Regeln durch Beliebigkeit zu ersetzen. Auch im Bhakti-Yoga ist es insbesondere zu Beginn wichtig, mit folgenden Techniken der Rezitation zu arbeiten.*

*Allgemeines*

- *Die Wiederholung ist der Schlüssel der Rezitation vedischer Mantras.*
- *Traditionell beinhaltet ein Übungszyklus 108 Wiederholungen. Für den Anfang sind 12 Wiederholungen ein gutes Maß.*
- *Die Lautstärke kann variieren. Die Mantras können laut, flüsternd leise, aber auch still im Geiste rezitiert werden.*
- *Das Üben in der Gruppe kann unterstützen, aber auch das Rezitieren mit einer CD oder einem ins Internet gestellten Videoclip ist hilfreich. Prinzipiell ist die Rezitation im Stil des Mantra-Japa jedoch auch alleine möglich.*
- *Im Allgemeinen wird im aufrechten Sitz geübt. Es ist aber auch möglich, in entsprechenden Situationen im Stehen oder Gehen die Mantras erklingen zu lassen.*

*Tonhöhe*

- *Das Rezitieren der vedischen Mantras beschränkt sich meist auf drei Tonhöhen. Im Zentrum steht der Mittelton (udātta), um den der Tiefton (anudātta) und der Hochton (svarita) gruppiert sind.*

- *In verschiedenen Schulen kann dabei mit unterschiedlicher Melodieführung rezitiert werden. Folgen Sie der Melodieführung der Lehrerin, der Gruppe, der CD oder des Videoclips.*

*Aussprache*

- *Die Aussprache der einzelnen Laute wird im Anhang dieses Buches in der Rubrik ‚Lexikon der Sanskritbegriffe' erklärt.*
- *Für die Rezitation sollte vor allem die besondere Aussprache des Visarga genannten h beachtet werden. Steht der Visarga am Ende eines allein stehenden Wortes oder am Ende eines Verses, so wird in der Rezitation der vorausgehende Vokal noch einmal leicht nachklingend wiederholt (bhūh wird zu bhūh(u), shantih wird zu shantih(i) usw.).*

*Rhythmus*

- *Der Rhythmus der Rezitation wird vor allem durch den Wechsel zwischen den lang und den kurz ausgesprochenen Vokalen bestimmt. Im Unterschied zu den kurzen Vokalen a, i und u sind die mit einem Längungsstrich versehenen Vokale ā, ī und ū doppelt so lang zu tönen.*
- *Die Vokale e, o, ai und au werden ohne Ausnahme immer lang getönt, selbst wenn sie nicht mit einem Längungsstrich geschrieben werden.*

### *Eröffnungsmantra*

*om saha nāvavatu /*
*saha nau bhunaktu /*
*saha vīryam karavāvahai /*
*tejasvi nāvadhītamastu /*
*mā vidvishāvahai //*

OM
Mögen wir gemeinsam beschützt sein,
mögen wir uns gemeinsam erfreuen,
mögen wir gemeinsam Kraft erlangen,
möge unsere Erkenntnis voller Licht sein,
mögen wir niemals Feindseligkeit untereinander empfinden.
*(Taittirīya-Upanishad, 2.1)*

*Das Friedensmantra wird gerne zu Beginn des Yogaunterrichts rezitiert, um sich auf den gemeinsamen Lehr- und Lernprozess von Yogalehrerin und Schülern auszurichten. Normalerweise wird hier nicht die Technik der ständigen Wiederholungen des Mantra-Japa angewendet. Die Wiederholung erfolgt zu Beginn jeder einzelnen Unterrichtsstunde.*

## *Gāyatrī-Mantra*

*om bhūr bhuvas svar /*
*tat savitur varenyam /*
*bhargo devasya dhīmahi /*
*dhiyo yo nah pracodayāt //*

OM
Erde, Zwischenwelt, Himmel
Lasst uns dieses wünschenswerte Licht des Gottes Savitri empfangen,
auf dass er unsere Inspiration anregen soll.
*(Rigveda 3.62.10)*

*Das Gāyatrī gilt als das berühmteste und bedeutendste aller vedischen Mantras. Es ist nach dem aus drei mal acht Silben, also insgesamt aus 24 Silben bestehenden Versmaß Gāyatrī benannt. Meist ist dem Mantra ein Einleitungsvers vorangestellt, in der Kurzform bestehend aus OM und der Nennung der drei traditionellen Welten Erde, Zwischenwelt und Himmel. Im Mantra selbst steht dann die Anrufung des vedischen Sonnengottes Savitri im Mittelpunkt.*

*Erweiterter Einleitungsvers*
*om bhūh(u) /om bhuvah(a) /om suvah(a) /*
*om mahah(a) /om janah(a) /om tapah(a) /om satyam //*

OM Erde, OM Zwischenwelt, OM Himmel, OM Größe,
OM Mensch, OM Askese, OM Wahrheit

*In der Langfassung des Dīrgha-Gāyatrī-Mantras wird, nach dem Vers Taittirīya-Āranyaka 10.35.1, die Nennung der drei Welten durch weitere vier symbolisch zu verstehende Begriffe ergänzt.*

***Triyambakam-Mantra***

*om triyambakam yajāmahe /*
*sugandhim pushtivardhanam /*
*urvārukamiva bandhanān /*
*mrityor mukshīyam māmritāt //*

OM
Den Dreiäugigen lasst uns verehren,
den Duftenden, den Wohlstand Mehrenden.
Wie der Kürbis vom Zweig sich löst,
so befreie mich vom Tod und gib mir Unsterblichkeit.
*(Rigveda 7.59.12)*

*Das Triyambakam richtet sich an den als ‚Dreiäugigen' bezeichneten Gott Rudra, dem ein drittes, intuitives Auge zukommt. Der vedische Gott Rudra gilt als Vorläufer des im heutigen Hinduismus als zentrale Gottheit verehrten Shiva, so dass das Mantra später Shiva zugeordnet wurde.*
*Wie in vielen Mantras folgt der zunächst zum Ausdruck gebrachten Verehrung der Gottheit eine an sie gerichtete Bitte. Wegen dieser Bitte um Unsterblichkeit wird dieses Mantra auch als Mahāmrityuñjaya-Mantra, das ‚große den Tod besiegende Mantra' bezeichnet.*

### *Asato Mā Sat Gamaya*

*om asato mā sat gamaya /*
*tamaso mā jyotir gamaya /*
*mrityor māmritam gamaya //*

OM
Führe mich vom Unwirklichen zum Wirklichen.
Führe mich von der Dunkelheit zum Licht.
Führe mich von der Sterblichkeit zur Unsterblichkeit.
*(Brihadāranyaka-Upanishad 1.3.28)*

*Das nicht an eine bestimmte Gottheit gerichtete Gebet ist im heutigen Hinduismus als Bittgebet weit verbreitet. Im modernen Yogaunterricht wird es nicht als Bittgebet, sondern als Übung des Mantra-Japa verwendet.*

## *Pūrna-Mantra*

*om pūrnam adah pūrnam idam /*
*pūrnāt pūrnam udacyate /*
*pūrnasya pūrnam ādāya /*
*pūrnam evāvashishyate //*

OM
Die Fülle ist jenes, die Fülle ist dieses.
Aus der Fülle geht die Fülle hervor.
Wird von der Fülle die Fülle genommen,
so bleibt wahrlich die Fülle.
*(Einleitungsvers der Īshā-Upanishad)*

*Im Zentrum steht Pūrna, die Fülle. In der vedischen Religion wird die Fülle im Jenseits (jenes) gesucht. Das weltliche Denken sieht die Fülle im Diesseits (dieses). Religion und weltliches Denken stellen sich die Fülle dabei unterschiedlich vor. Bhakti-Yoga geht es dagegen um die Erfahrung von Fülle, in der Jenseits und Diesseits sich nicht widersprechen. Das Jenseits wird nicht erst nach dem leiblichen Tod, sondern im Hier und Jetzt erfahren. Überall ist Fülle, wenn die Fülle des Augenblicks bewusst wird.*

## *Abschlussformel*

*om shāntish-shāntish-shāntih(i)*

OM Friede, Friede, Friede

*Das Mantra wird zum Ende einer Rezitation als Abschlussformel rezitiert. Es kann als Bekräftigung des grundlegenden Wunsches nach innerem und äußerem Frieden verstanden werden.*

## *Übung*

### *Chanten von Kirtans und Bhajans*

*Im Unterschied zu der vedischen Rezitation, die sich meist auf drei Tonhöhen beschränkt, werden viele der Kirtans und Bhajans als melodiöse Lieder gechantet, zum Teil mit Begleitinstrumenten wie Harmonium, Gitarre, Zimbeln oder Trommeln. Kirtans und Bhajans können in immer wieder erneuten Wiederholungen zum Teil über Stunden gesungen werden.*

*Allgemeines*

- *Wählen Sie ein Kirtan oder Bhajan aus.*
- *Besser ist es, ein Lied über längere Zeit zu üben, als viele Lieder hintereinander zu singen.*
- *Die gleichen Texte werden mit immer wieder unterschiedlichen Melodien gesungen. Entscheiden Sie sich für eine für Sie oder für die Gruppe passende Melodie.*
- *Um die Hingabe von Bhakti zu fördern, lassen Sie sich ein auf den Fluss der Melodie. Schwingen Sie mit dem Rhythmus - mit dem Geist und vielleicht auch mit dem Körper.*
- *Denken Sie nicht an Regeln und ob Sie hier alles richtig machen. Die Freude am Singen steht im Mittelpunkt. Lassen Sie beim Chanten eine fast kindliche Freude aufkommen.*
- *Das Chanten kann mit rhythmischem Klatschen oder sogar Tanzen verbunden werden.*
- *Das Chanten entfaltet vor allem in der Gruppe seine besondere Wirkung.*

- *Die vor allem im Chanten von Kirtans angewendete Ruf-Antwort-Methode:*
    - *Der Vorsänger oder eine Hälfte einer Gruppe singt das Mantra oder einen Teil des Mantras, der Chor oder der andere Teil der Gruppe wiederholt den gesungenen Text noch einmal. Nach diesem Prinzip von Ruf und Echo werden nacheinander dann alle Teile des Mantras gesungen, um am Ende angekommen wieder von vorne zu beginnen.*
    - *Die gleiche Melodie kann in jeweils verschiedenen Tonhöhen vorgegeben werden.*
    - *Wenn die Geschwindigkeit des Chantens immer mehr gesteigert wird, ist es wichtig, mit einem verlangsamten Durchgang abzuschließen.*

### *Gopala-Mantra*

*gopāla gopāla devakīnandana gopāla /*
*devakīnandana gopāla devakīnandana gopāla //*

*Gopāla, der ‚Kuhhirte‘, bezieht sich auf den jungen Krishna, der als Knabe Kühe hütete und mit seinem Flötenspiel die Hirtinnen bezauberte. Devakī lautet der Name von Krishnas Mutter, Nandana ist mit Sohn zu übersetzen. Mit ‚Kuhhirte‘ und ‚Sohn der Devakī‘ besteht das Mantra somit aus der Aneinanderreihung von zwei der wichtigsten Beinamen Krishnas.*

### *Mahā-Mantra*

*hare krishna hare krishna krishna krishna hare hare /*
*hare rāma hare rāma rāma rāma hare hare //*

*Das Hare-Krishna-Mantra gilt im Vishnuismus als Mahā-Mantra und somit als ‚großes Mantra‘. Es wurde vom bengalischen Bhakti-Heiligen Chaitanya im 16. Jahrhundert in das Zentrum der Praxis des Bhakti-Yoga gerückt. Die heute vor allem im Westen bekannte Melodieführung geht auf die im 20. Jahrhundert gegründete Hare-Krishna-Bewegung zurück.*
*Das Mantra besteht aus einer Aneinanderreihung der Anrufung von drei Gottesnamen, die alle im Kasus der Anrufung (Vokativ) stehen. Alle drei Namen beziehen sich auf Vishnu. Während mit Krishna und Rāma die beiden bekanntesten Inkarnationen Vishnus angerufen werden, kann Hare entweder als Hari, ein Beiname Vishnus, verstanden werden oder auch als Harā, ein Beiname von Krishnas Geliebter Rādhā. Zu übersetzen wäre das Mantra somit mit ‚Oh Hari!/Oh Harā! Oh Krishna!‘ usw.*

### *Dvādashākshara-Mantra*

*om namo bhagavate vāsudevāya*

OM Verehrung sei dem göttlichen ‚Sohn des Vasudeva'

*Das als das ‚Zwölfsilbige' bezeichnete Dvādashākshara-Mantra aus dem Bhagavata-Purāna gilt als das populärste Mantra des Vishnuismus (dvādasha - zwölf, akshara - Silbe). Es richtet sich an Krishna, der hier mit seinem Beinamen Vāsudeva angerufen wird. Vasudeva mit kurzem a geschrieben lautet der Name von Krishnas Vater. Mit langem ā geschrieben bedeutet Vāsudeva ‚der dem Vasudeva Zugehörige' und ist mit ‚Sohn des Vasudeva' zu übersetzen.*

### *Krishna-Mūla-Mantra*

*om klim krishnāya namah(a)*

OM KLIM Verehrung sei Krishna

*Wie für alle hinduistischen Gottheiten gibt es auch für Krishna ein so genanntes Mūla- oder Wurzel-Mantra, in das ein Bīja-Mantra (Keimmantra) eingefügt wurde. Bīja-Mantras bestehen nur aus einer Silbe und finden in der Rezitation meist nur als Bestandteil eines größeren Mantras Verwendung.*
*Im Krishna-Mūla-Mantra wird, nach dem einleitenden OM, das Krishna zugeordnete Bija-Mantra KLIM gechantet, gefolgt von der Anrufung Krishnas.*

### *Ashtākshara-Mantra*

*om namo nārāyanāya*

OM Verehrung sei Nārāyana

*Das achtsilbige Ashtākshara-Mantra (ashta - acht) verehrt Gott Vishnu unter seinem Beinamen Nārāyana, wörtlich übersetzt mit ‚Herr der Geschöpfe'.*

### *Pañcākshara-Mantra*

*om namah shivāya*

OM Verehrung sei Shiva

*Das den Gott Shiva verehrende Mantra gilt als das bedeutendste Mantra im shivaitischen Hinduismus. Es wird als das Pañcākshara-Mantra, das ‚fünfsilbige' Mantra bezeichnet (pañca - fünf). Die Fünf gilt im Shivaismus allgemein als heilige Zahl und spielt schon in der Philosophie des großen Shivaiten Shankara eine wichtige Rolle.*
*Das Mantra kann auch in umgekehrter Reihenfolge, also ‚shivāya namah(a)' gesungen werden oder in der Erweiterung als ‚om namah shivāya - shivāya namah(a)'.*

## *Übung*

### *Meditationsgesänge der Religionen*

*In nahezu allen Religionen und Kulturen sind dem Mantra-Japa verwandte Meditationsgesänge zu finden. Immer wird mit kurzen, sich wiederholenden Texten geübt, wobei weniger Inhalt und Bedeutung, sondern vor allem die Hingabe des meditativen Singens im Vordergrund steht. Wenn die Übungen des Bhakti-Yoga in den modernen Yogaunterricht integriert werden, erscheint es durchaus möglich, auch Meditationsgesänge aus dem Buddhismus, dem Sikhismus, dem Christentum oder anderen Kulturkreisen zu verwenden. Aus der großen Vielfalt der sich hier bietenden Möglichkeiten wurden vier beispielhaft ausgewählt.*

### Maitrī-Mantra

*lokāh samastāh sukhino bhavantu*

Mögen alle Welten/Wesen glücklich sein!

*Das Maitrī-Mantra (Sanskrit) oder Metta-Mantra (Pali) der ‚liebenden Güte' stammt aus dem Theravada-Buddhismus. Es handelt sich um das wohl bekannteste Segensmantra, das mit unterschiedlicher Melodieführung und in unterschiedlichen Sprachen in der buddhistischen Welt gesungen wird. Im westlichen Yogaunterricht findet man vor allem die hier abgedruckte Sanskritversion.*
*Im Übergang von der buddhistischen Tradition in den westlichen Kontext hat sich die Bedeutung des Begriffs loka verändert. Die ursprüngliche Bedeutung im Sinn von irdischen und überirdischen ‚Welten' konnte von westlichen Yogaübenden nicht mehr verstanden werden, so dass loka heute meist im Sinn von ‚Wesen' übersetzt wird.*

## Mantra des Avalokiteshvara

*om mani padme hum*

OM Juwel im Lotos HUM

*Das an den Bodhisattva Avalokiteshvara gerichtete Mantra gilt als das am meisten verbreitete Mantra des tibetischen Buddhismus. Es wird sowohl von den Mönchen in den Klöstern wie auch von den Laien-Buddhisten rezitiert. Es ist als Text in Gebetsmühlen zu finden und wird auch auf die in Tibet allgegenwärtigen Gebetsfahnen geschrieben. Eingerahmt von den beiden Wurzelmantras OM und HUM weist die symbolische Deutung des in der Mitte genannten ‚Juwels in der Lotosblüte' auf die Erfahrung des Erwachens.*

## Mangalacharana-Mantra

*aad gureh nameh /*
*jugat gureh nameh /*
*sat gureh nameh /*
*siri guru deveh nameh //*

Verehrung sei dem ersten Meister. Verehrung sei dem Meister der Zeitalter. Verehrung sei dem wahren Meister. Verehrung sei dem höchsten, göttlichen Meister.

*Die meisten Mantras des Sikhismus sind in der nordindischen Sprache Punjabi verfasst. Das den göttlichen Meister verehrende Mangalacharana-Mantra (Mantra des Segens) gehört hierbei zu den bekanntesten meditativen Gesängen der Sikh-Religion. Im Westen wurden dieses und viele andere Mantras vor allem durch die von Yogi Bhajan begründete Kundalinī-Yoga-Bewegung bekannt. Das Mantra wird oft auch zusammen mit spezifischen Hand- und Armhaltungen rezitiert.*

## Taizé-Gesänge

*laudate omnes gentes - laudate dominum /*
*laudate omnes gentes - laudate dominum //*

Lobt alle Völker, lobt den Herrn!
Lobt alle Völker, lobt den Herrn!

*Die christliche Ordensgemeinschaft in Taizé gehört zu den Begründern der modernen christlichen Meditationsgesänge. Oft wird, wie auch hier, Latein als Sprache verwendet. Das sich auf Psalm 117 beziehende ‚Laudate omnes gentes' gehört zu den bekanntesten einer Fülle von Taizé-Gesängen.*

## 4. *Dhyāna-Yoga* - Yoga der Meditation

### Grundlagen

*Das Besondere der Meditation in der Bhagavadgītā*

Der vierte Yogaweg der *Bhagavadgītā* wird im Allgemeinen als *Dhyāna-Yoga* bezeichnet, als ‚Yoga der Meditation' (*dhyāna*: Meditation). Wenn der Weg der Meditation immer wieder mit *Rāja-Yoga*, das heißt ‚königlicher Yoga' benannt ist, so tritt durch diese Bezeichnung die zentrale Bedeutung der Meditationspraxis für den Weg des Yoga deutlich hervor.

Wie bei allen Formen der Meditation ziehen sich auch hier die Übenden zunächst zurück, um den Blick von außen nach innen zu wenden. Entscheidend für den Yoga der *Bhagavadgītā* ist jedoch, bei dieser Innenwendung nicht stehen zu bleiben und die Bewusstheit der Meditation wieder mitten in das Außen der Welt zu tragen. Den Weg nach innen und die darauf folgende Rückkehr mitten in die Welt weiß die *Bhagavadgītā* mit zwei in der Geschichte des Yoga berühmt gewordenen Bildern zum Ausdruck zu bringen.

*Das Schildkrötengleichnis*

Im Alltagsbewusstsein ist der Mensch mit Sinnen und Geist auf die Welt ausgerichtet und wird so von seinem Streben nach den Früchten des Handelns getrieben. Der erste Schritt der Meditation besteht nun im Rückzug aus der Welt, um so die Loslösung von den Dingen der Welt zu üben. Wie die Schildkröte ihre Glieder einzieht, werden die Sinne, und mit ihnen der Geist, von außen nach innen gerichtet:

*Der Yogī, der wie eine Schildkröte ihre Glieder, alle Sinne von den Sinnesobjekten zurückzieht, dessen Weisheit ist fest gegründet.*
*(Bhagavadgītā 2.58)*

Der Meditierende sitzt auf seinem Meditationskissen, die Augen geschlossen, den Geist auf ein Meditationsobjekt gerichtet. Dieses Meditationsobjekt wird zum Fahrzeug, das den Geist nach innen trägt. Mit dem Blick nach innen gilt es nun loszulassen, von den Dingen und letztendlich auch vom Fahrzeug des Meditationsobjektes selbst.

*Das Lampengleichnis*

Wie der Bogenschütze den Pfeil zurückzieht, zieht sich auch der Geist in die Tiefe des Innen zurück, um dann, wie der Pfeil, mit der Kraft der Bewusstheit für die innere Bestimmung des *Svadharma* wieder in die Welt zurückzukehren. Für diesen zweiten Schritt der Rückkehr in die Welt formuliert die *Bhagavadgītā* das nicht minder bekannte Lampengleichnis:

*Wie eine Lampe, vom Wind geschützt, nicht flackert, dieser Vergleich gilt dem stabilen Geist des Yogī, der Yoga aus dem wahren Selbst lebt.*

*(Bhagavadgītā 6.19)*

Der Meditierende kehrt mit neuer Bewusstheit in die Welt zurück, um dann zu spüren, was wirklich wichtig ist. Er ist nicht mehr abhängig von Erfolg oder Misserfolg in Familie und Beruf und auch nicht mehr von der Anerkennung der anderen Menschen. Er schöpft nicht mehr sein Selbstwertgefühl aus seinem Besitz oder aus dem, was er hervorgebracht und geleistet hat. Der Sinn des Lebens hängt nicht mehr von der Aussicht auf einen Urlaub im Sommer ab. Er empfängt den Halt im Leben nicht mehr von einem vergänglichen Außen und steht so nicht mehr in der Gefahr, wie eine offene Flamme bei jedem Windstoß ins Flackern zu geraten. Leben aus der inneren Bestimmung des *Svadharma* verleiht dem Menschen eine neue, innere Stabilität, gefestigt wie eine durch eine Lampe geschützte Flamme in den Stürmen des Alltags.

## Praxis

*Rückzug aus der Welt*

Immer wieder berichten Astronauten, welchen die Gelegenheit gegeben wurde, die Erde aus der Ferne des Weltalls beobachten zu können, wie sie nach ihrer Rückkehr die Welt in einer grundlegend neuen und bewussteren Weise zu sehen lernten. Ähnlich wie bei den Astronauten geht es auch bei der Meditation um einen Perspektivwechsel. Auch die Meditierenden üben den Blick aus der Ferne, aus einer inneren Ferne. Wie Astronauten ziehen wir uns in der Meditation aus der Welt zurück, wobei der Rückzug nicht in den Weltraum, sondern nach innen geübt wird.

Die im 6. Kapitel der *Bhagavadgītā* beschriebene Übung der Meditation beginnt in dieser Weise wie folgt:

*Der Yogī sollte beständig auf das Selbst ausgerichtet sein, in Einsamkeit, allein, Geist (citta) und Selbst gezügelt, frei von Wünschen und Besitz.*
*(Bhagavadgītā 6.10)*

Wir ziehen uns in einem ersten Schritt in die ‚Einsamkeit' eines ruhigen Ortes zurück. In alten Zeiten in Indien waren diese ruhigen Orte der Einsamkeit in einem Kloster oder einer Höhle im *Himālaya* zu finden. Heute wird der Rückzug eher im Meditationszentrum oder einem für die Meditation hergerichteten Ort in der eigenen Wohnung geübt.

In der Welt der Wünsche und des Besitzes verliert man leicht das Entscheidende aus dem Blick. Im Rückzug aus dem Alltagsgetriebe wird es leichter, Abstand von allen unseren Erwartungen zu erlangen und die Getriebenheit unseres Denkens und Fühlens zu zügeln. Nun sind die Voraussetzungen dafür geschaffen, in der folgenden Meditationspraxis Sinne und Geist wie eine Schildkröte nach innen zu richten und uns auf das wahre Selbst auszurichten.

*Der Meditationssitz*

Ist der geeignete Ort gefunden, gilt es den Platz für die Meditation herzurichten:

*An einem sauberen Ort soll er einen festen Sitz hinstellen, nicht zu hoch und nicht zu niedrig, Stoff, ein Fell und Gras darauf.*
*(Bhagavadgītā 6.11)*

In Bezug auf den Meditationssitz haben sich die Möglichkeiten des modernen Menschen enorm verbessert. Heute ist es nicht mehr notwendig, mit Stoff, Fell und Gras zu arbeiten. Meditationskissen oder Meditationsbänkchen in allen Größen und Formen erleichtern das gute Sitzen und schaffen beste Voraussetzungen.

*Die zwei Prinzipien der Meditation*

Die Herausforderung, den schwankenden Geist zu zügeln, ist allerdings bis heute gleich geblieben:

*Zweifellos, oh Großarmiger, ist der schwankende Geist*
*schwer zu zügeln. Doch durch Übung (abhyāsa) und*
*Loslösung (vairāgya), oh Kuntī-Sohn, wird er gezähmt.*
*(Bhagavadgītā 6.35)*

Wenn der äußere Rückzug in die Einsamkeit durchaus machbar ist, so lässt sich der im Innern stetig hin und her gerissene Geist ungleich schwerer zügeln. Die zwei zu beachtende Prinzipien der Meditation können wichtige Hilfestellung geben. Genannt ist als erstes die ‚Übung/*Abhyāsa*'. Es folgt die als *Vairāgya* bezeichnete ‚Loslösung'.

*Die Übung der Konzentration*

Meditation beginnt immer mit der Übung der Konzentration auf einen Meditationsgegenstand:

*Dort das Denken (manas) auf einen Punkt gerichtet, Geist (citta), Sinne, Tun gezügelt, sich niederlassend auf dem Sitz,*

*übe er Yoga, zur Läuterung des Selbst. Gleichmäßig Körper, Kopf und Hals unbeweglich haltend, fest, schauend auf die Nasenspitze, blicke er nicht umher.*
*(Bhagavadgītā 6.12-13)*
Wenn man sich den Geist wie viele auf einem Baum herumspringende Affen vorstellen kann, gilt es in der Übung nicht mehr nach hier und dann nach dort zu schauen. Der Blick und damit der Geist werden auf nur einen Punkt, in unserem Bild auf nur einen Affen konzentriert. Das aufgewühlte Denken wie auch die Emotionen finden einen Punkt, an dem sie sich sammeln und beruhigen können.

Natürlich wird man sich nicht den wildesten Affen aussuchen, sondern einen, der das Potential hat, die Bewegtheit des Geistes zur Ruhe zu bringen. Die *Bhagavadgītā* wählt an dieser Stelle die Konzentration des Blicks auf die Nasenspitze. Mit leicht geöffneten Augen schaut man auf die Nasenspitze und konzentriert damit den Blick und auch das Denken. Wichtig ist hier, den Blick zwar auf die Nasenspitze zu richten, ihn dort jedoch nicht festzuhalten. Ist Konzentration erreicht, schließt man die Augen, um so jede Verkrampfung der Augen, des Blickens, aber auch des Geistes zu vermeiden.

*Die Loslösung in der Hingabe*

Wenn durch stete Übung der Geist konzentriert wird und Denken wie auch Fühlen auf einen Punkt ausgerichtet bleiben, kann das zweite Moment kultiviert werden, die Loslösung:
*Mit beruhigtem Selbst, frei von Furcht, fest im Gelübde der Enthaltsamkeit, das Denken (manas) gezügelt, den Geist (citta) auf MICH (Krishna) gerichtet, sitze er, in mir das Höchste sehend.*
*(Bhagavadgītā 6.14)*

Die Übung der Konzentration bildet die Vorbereitung für die Hingabe an das innere Göttliche. Der Geist löst sich jetzt auch vom Meditationsgegenstand, ohne jedoch die Sammlung der Konzentration wieder aufzugeben. Es geschieht eine Hingabe nach innen. Mit dieser inneren Hingabe beginnen sich alle festgefahrenen Muster, die Vorurteile, geistigen Zwänge und Getriebenheiten zu lösen. Der Geist wird klar, so dass das echte, wahre und authentische Leben in den Tiefen menschlichen Seins aufbrechen kann, das in der *Bhagavadgītā* mit dem göttlichen *Krishna* benannt wird.

*Die Bewusstheit für die Tat, die getan werden muss*

In den Tiefen seines Selbst zu ruhen und in dieser Weise wunschlos glücklich zu sein, kann als ein wunderbarer Zustand tiefgreifenden Glücks angesehen werden. Letztendlich handelt es sich hierbei jedoch nur um einen Zwischenschritt. So wunderbar die Glückserfahrungen in tiefer meditativer Versenkung sind, das volle Potential menschlichen Lebens ist so noch keinesfalls erreicht. Irgendwann wird man das Meditationskissen und damit auch den Zustand wunschlosen Glücks verlassen müssen. Jetzt gilt es, nicht zurück-, sondern weiterzugehen:

*Wer nicht an der Frucht der Handlung (karma phalam) hängend die Tat tut, die getan werden muss (kāryam karma), der ist ein Entsager und ist ein Yogī.*
*(Bhagavadgītā 6.1)*

Mehr als die Wunschlosigkeit ist die Fähigkeit des richtigen Wünschens anzusehen. Es entsteht die Bewusstheit für die Tat, die getan werden muss. In einem erfüllten Leben aus dem *Svadharma* wird die eigene, innere Bestimmung bewusst, so dass man genau weiß, was man will. Das Leben gewinnt durch sein eigenes Maß Ausrichtung. Es wird in sich stimmig und so erst lebendig.

*Die Einheit von Selbst, Gott und allen Wesen*

Immer wieder gilt es die Bewusstheit des Innen wieder im Außen mitten in der Welt zu leben:

*Wer das Selbst im Yoga übt, der sieht in allen Wesen das Selbst und alle Wesen im Selbst. Er betrachtet alles als gleich. Wer Mich (Krishna) überall sieht und alles in Mir sieht, dem entschwinde Ich nicht, und er entschwindet Mir nicht. (Bhagavadgītā 6.29-30)*

Wer in der Bewusstheit seines *Svadharma* sein wahres Selbst findet, sieht dieses Selbst nicht nur in sich, sondern auch in allen Wesen. Und er sieht alle Wesen in sich selbst. Zuletzt wird noch einmal deutlich gemacht, dass Selbstfindung den Menschen nicht von der Welt entfernt, sondern ganz im Gegenteil ihn für alle Wesen öffnet. Diese große Verbindung zwischen dem Menschen und allen Wesen dieser Welt leuchtet dann auf, wenn es möglich wird, aus der Kraft des göttlichen Grundes zu leben, der von der *Bhagavadgītā* als *Krishna* bezeichnet wird. Die Übung der Meditation wird gerade dann zum königlichen Yoga des *Rāja-Yoga*, wenn die Meditierenden nicht nur das Bewusstsein für ihr *Svadharma* kultivieren, sondern diese Bewusstheit mitten im Leben in gleichsam göttlicher Weise in innigster Verbindung mit allen Wesen zu leben verstehen.

## *Übung*

# *Meditation*

*Allgemeines*

- *Es erweist sich als hilfreich, den Meditationsweg nicht alleine zu gehen. Suchen Sie sich eine kompetente Lehrerin oder einen erfahrenen Lehrer oder schließen Sie sich einer Meditationsgruppe an.*
- *Suchen Sie in jedem Fall eine in Meditation erfahrene Ansprechperson, mit der Sie sich austauschen können und die Ihnen bei auftretenden Unsicherheiten oder Schwierigkeiten hilfreich zur Seite steht.*

*1. Vorbereitung*
*Ort*

- *Wählen Sie einen Ort, an dem Sie nicht gestört werden.*
- *Eine friedvolle Umgebung ist hilfreich, genauso wie bequeme Kleidung.*
- *Bereiten Sie sich einen Sitz, auf dem Sie aufrecht und gleichzeitig entspannt sitzen können. Auf dem Boden kann der Sitz durch ein Meditationskissen oder ein Meditationsbänkchen unterstützt werden. Wenn das Sitzen auf dem Boden zu instabil ist oder Schmerzen verursacht, ist das Sitzen auf einem Hocker oder Stuhl vorzuziehen.*

*Zeit*

- *Legen Sie einen konkreten Zeitrahmen der Meditation fest (zu Beginn nicht mehr als 20 Minuten).*
- *Wählen Sie für die Meditation bewusst eine konkrete Zeit in Ihrem Tagesablauf.*
- *Nehmen Sie sich vor, regelmäßig zu üben. Einige Minuten regelmäßig zu üben, ist hilfreicher, als hin und wieder unbeständig zu meditieren.*

- *Die Übung sollte zunächst für ca. vier Wochen regelmäßig durchgeführt werden.*
- *Beobachten Sie alle Veränderungen in dieser Zeit. Führen Sie ein Meditationstagebuch, in welchem Sie alle Erfahrungen notieren können.*
- *Entscheiden Sie, wie Sie weiterüben wollen.*

*2. Der Rückzug nach innen*
*Konzentration (abhyāsa)*

- *Nehmen Sie Ihren Meditationssitz ein.*
- *Beobachten Sie zunächst kurz Ihre Umgebung und lenken dann den Blick auf sich selbst.*
- *Konzentrieren Sie sich mit halb geschlossenen Augen auf Ihre Nasenspitze und beobachten Sie, wie sich zunächst die Sinne, dann aber auch all Ihr Denken und Fühlen auf diesen einen Punkt sammeln.*
- *Schließen Sie die Augen, bevor sie sich zu verkrampfen beginnen. Halten Sie die Sammlung des Geistes. Jedes Mal, wenn sich die Sammlung aufzulösen beginnt, öffnen Sie kurz die Augen und konzentrieren sich wieder auf die Nasenspitze. Tun Sie dies, bis die Sammlung des Geistes wieder aufgebaut ist, um dann die Augen wieder zu schließen.*
- *Üben Sie die Konzentrationsübung so lange, bis Ihr Geist nicht mehr abschweift.*

*Loslassen (vairāgya)*

- *Aus der Sammlung des Geistes heraus können Sie sich für die innere Hingabe öffnen.*
- *Atmen Sie ein und denken das Wort ‚lass'. Atmen Sie aus und denken das Wort ‚los'.*
- *Intensivieren Sie mit der Zeit das Loslassen. Lassen Sie los von den Verkrampfungen Ihrer Schultern. Lassen Sie sich in den Sitz ein. Entspannen Sie jede Zelle Ihres Körpers. Und lassen Sie letztlich auch von sich selbst los.*

- *Geben Sie sich so der Kraft des inneren Göttlichen hin, die in der Bhagavadgītā ‚Krishna' genannt wird.*
- *Sobald Sie bemerken, dass Sie mit Ihrem Denken oder Fühlen abgeschweift sind, nehmen Sie die Übung des Loslassens und der Hingabe nach innen erneut auf.*

*3. Die Rückkehr ins Außen*
*Der Übergang*

- *Beenden Sie die Übung des Rückzugs nach innen, indem Sie für einen Moment, ohne etwas zu tun, die Augen noch geschlossen halten und den Körper bewusst spüren.*
- *Beginnen Sie erste Bewegungen aufkommen zu lassen, die Muskeln anzuspannen, sich zu räkeln und zu strecken, um so die Sammlung und Gelassenheit auch im bewegten Körper bewusst wahrzunehmen.*
- *Stehen Sie bewusst auf und tragen die Sammlung und Gelassenheit des Rückzugs in das Außen Ihres alltäglichen Tuns.*

*Der Wechsel*

- *Wiederholen Sie immer wieder die Übung des Rückzugs und die darauf folgende Rückkehr ins Außen Ihres Lebens.*
- *Der stetige Wechsel zwischen dem Rückzug nach innen und der Rückkehr in die Welt bietet keine Garantie dafür, auf dem Weg des Yoga weiter fortzuschreiten. Sie schaffen sich so jedoch die besten Voraussetzungen für ein Leben aus der Erfahrung des inneren Svadharma.*

*Leben aus dem Svadharma*

- *Achten Sie darauf, wie Sie durch die Auszeit, die Sie sich durch den Rückzug gönnen, im Alltag gegenwärtiger leben können.*
- *Versuchen Sie durch den im Rückzug gewonnenen Abstand im Außen Ihres Lebens mit wachem Blick bewusster zu entscheiden.*
- *Stellen Sie sich immer wieder der Herausforderung, das zu tun, was in einem tieferen Sinn notwendig ist und der in der Bhagavadgītā als Svadharma bezeichneten inneren Bestimmung Ihres Lebens entspricht.*

# Nachwort
# Mehr, als wir zu erhoffen wagten

Viele Menschen beginnen heute mit Yoga, weil sie in irgendeiner Weise leiden. Rückenschmerzen, ein steifer Körper oder Schlafstörungen sind nicht selten die Gründe, um sich auf die Matte zu begeben und die so wirksamen Körperübungen des Yoga zu praktizieren. Und tatsächlich lassen meist die Schmerzen nach, die Dehnungsfähigkeit wächst oder das bessere Einschlafen stellt sich ein. Durch die Yogapraxis können zahlreiche ‚Früchte' erlangt werden, die es dankbar anzunehmen gilt.

Diejenigen, die jetzt nicht aufhören und dabeibleiben, werden bemerken, dass Yoga viel mehr zu bieten hat. Hält man auf der Matte durch, wird mit der Zeit deutlich, dass der Weg des Yoga weitergeht. Wenn die Rückenschmerzen zu Beginn im Fokus standen, geht es jetzt um die Ausrichtung der Praxis auf ein inneres Erfahren. Die Förderung körperlicher Dehnungsfähigkeit kann weitergeführt werden, so dass eine geistige Lebendigkeit entsteht. Und wenn zu Beginn die Beseitigung von Schlafstörungen im Fokus stand, so geht es jetzt nicht mehr nur um ein besseres Einschlafen, sondern auch um das Erwachen zu einem bewussten Leben.

Mit dem, was die Körperpraxis des Yoga zu bieten hat, könnte man so durchaus zufrieden sein. Man muss es jedoch nicht. Es ist insbesondere die *Bhagavadgītā*, die unser Verständnis des Yogaweges in entscheidender Weise weiterzuführen vermag. Der Protagonist der *Bhagavadgītā* leidet nicht an Rückenschmerzen, an einem steifen Körper und auch nicht an Schlafstörungen. *Arjuna* durchlebt eine existenzielle Krise, wie sie in ihrer Ausweglosigkeit kaum radikaler vorstellbar ist. Für ihn geht es um Tod oder Leben, um Krieg oder Frieden.

Die Antwort auf diese Ausweglosigkeit lautet *Svadharma.* Folge deinem ‚eigenen Gesetz', folge den göttlichen Geboten deiner Kaste und erlange hierdurch zahlreiche ‚Früchte' des Handelns, vom Ruhm auf Erden bis zur Belohnung im Himmel nach dem Tod. Wer hier bei der Lektüre der *Bhagavadgītā* stehen bleibt, kann zumindest als Hindu großen Gewinn aus ihren Worten ziehen. Die Orientierung, die der Glaube an religiöse Gebote gibt, ist hilfreich. Sie sollte in keinem Fall gering geschätzt und über Bord geworfen werden.

Wie im modernen Yoga gilt es jedoch auch in der *Bhagavadgītā* nicht vorschnell stehen zu bleiben. Die Bestimmung des Menschen kann viel mehr bedeuten, als den von außen vorgegebenen göttlichen Geboten zu folgen mit dem Ziel, zahlreiche Früchte im Diesseits und im Jenseits zu erlangen. Es ist gerade das Streben nach den Früchten des Handelns, das den Blick auf das verhindert, was wirklich Sinn macht in unserem Leben. Die *Bhagavadgītā* zeigt vier Übungswege auf, durch die deutlich werden kann, was Erwachen zu einem bewussten Leben wirklich heißen kann. Mit *Karma-Yoga, Jñāna-Yoga*, *Bhakti-Yoga* und dem Yoga der Meditation gilt es die Wachheit für den in jedem Menschen verborgenen, tieferen Sinn von *Svadharma* zu fördern.

Ein Leben wird in den Blick genommen, das nicht deswegen als gut gilt, weil es leistungsfähig ist und viele Früchte hervorbringt, und deswegen als schlecht, weil es nichts bewirkt. Aus der Erfahrung des inneren *Svadharma* handeln wir gut, unabhängig von Erfolg oder Misserfolg. Den Weg des Yoga zu gehen bedeutet, uns unserer eigenen, individuell zu erfahrenden inneren Bestimmung in diesem unserem Leben bewusst zu werden.

Die *Bhagavadgītā* kann dabei nicht nur deutlich machen, um was es wirklich geht, wenn wir unseren heutigen Yogaweg in die Tiefe führen. Rückblickend lässt sich sagen, dass die eigentlichen Schätze in der heutigen Praxis auf der Matte wie auch in dem alten Text der *Bhagavadgītā* in eine Tiefe weisen, die nur die wenigsten am Anfang in den Blick genommen haben. Letztendlich geht es im Yoga um viel mehr, als wir dies zu Beginn des Weges zu erhoffen wagten.

# Anhang

# Lexikon der Sanskritbegriffe

*Spezifische Laute des Sanskrit und Diakritika*

In vielen Sprachen gibt es spezifische Laute, die in anderen Sprachen nicht vorkommen. So kennt das Deutsch zum Beispiel die Umlaute ä, ö und ü. Um sie mit den bei uns üblichen lateinischen Buchstaben abbilden zu können, werden so genannte Diakritika verwendet. In diesem Fall setzt man über die Buchstaben a, o und u einen horizontalen Doppelpunkt. Für Deutsche erscheint die Schreibweise von ä, ö und ü als vollkommen selbstverständlich und die Aussprache dieser Laute fällt leicht. Aber schon im benachbarten europäischen Ausland sieht und erfährt man dies anders.

Parallel hierzu kennt auch das Sanskrit eine ganze Reihe von Lauten, die in westlichen Sprachen nicht vorkommen. Für diese Laute gibt es gleichfalls im lateinischen Alphabet keinen entsprechenden Buchstaben. Um auch sie mit den uns zur Verfügung stehenden Buchstaben abbilden zu können, wurde in der Indologie eine wissenschaftliche Umschrift entwickelt, die mit Diakritika arbeitet, wie sie das Deutsche für die Umlaute verwendet. So setzt man über den lateinischen Buchstaben einen horizontalen Strich (ā) oder eine Tilde (ñ) oder unter den Buchstaben einen Punkt (ṭ). Für den wissenschaftlich arbeitenden Indologen ist es wichtig, hier genau zu unterscheiden. In diesem für Yogaübende und Yogalehrende geschriebenen Buch wird dagegen eine an die Bedürfnisse des europäischen Yoga angepasste Form der Aussprache und Umschrift angewendet.

*Aussprache und Schreibweise der Sanskritlaute*
*Sonanten/Vokale*

- Für die Aussprache vieler Sanskritbegriffe von eminenter Bedeutung ist die Unterscheidung zwischen kurz und lang gesprochenen Vokalen. Dies gilt insbesondere für die Rezitation der Sanskrit-Mantras. Lange Vokale werden hierbei doppelt so lang gesprochen wie kurze. So ist zwischen den kurz gesprochenen Vokalen a, i, u und den langen Vokalen ā, ī, ū zu differenzieren. Die langen Vokale sind leicht durch einen horizontalen Strich über dem Vokal zu erkennen. Da die Vokale e, o, ai und au ohne Ausnahme immer lang gesprochen werden, wird hier kein Strich verwendet.

- Das tönende ṛ wird wie ri gesprochen und auch so geschrieben (wie Regen**ri**nne).

*Konsonanten*

- Es ist wichtig, zwischen einfachen und aspirierten Konsonanten zu unterscheiden, also zwischen t und th, k und kh usw. Das h in aspirierten Lauten ist dabei deutlich hörbar, z. B.: th wie Sanf**th**eit, kh wie Ec**kh**aus usw.
- Das c wird wie tsch gesprochen.
- Das j wird wie dsch gesprochen.
- Das v wird wie w gesprochen.
- Das ñ wird wie das spanische Wort señor gesprochen. So spricht man *jñāna* wie dschnjaana, abweichend von der in Indien weit verbreiteten Aussprache gnyana.
- Das s wird immer stimmlos gesprochen.

*Sonderlaute*

- Der Nasallaut *Anusvara* ṃ wird als einfaches m geschrieben. Je nach Zusammenhang klingt der *Anusvara* wie ein nasaliertes n oder m.
- Der Hauchlaut *Visarga* ḥ wird als einfaches h geschrieben und wie ein stimmloses h gesprochen. Steht der *Visarga* am Ende eines für sich stehenden Wortes oder am Ende eines Verses, so klingt der vor dem *Visarga* gesprochene Vokal noch einmal nach, z. B.: *shantih(i).*

*Grenzen der genauen Aussprache und Schreibweise*

- Zuallererst sind hier die mit zurückgebogener Zungenspitze gesprochenen, als cerebral oder auch als retroflex bezeichneten Laute ṭ, ṭh, ḍ, ḍh, ṣ und ṇ zu nennen, die in wissenschaftlicher

Umschrift mit einem Punkt unter dem Buchstaben abgebildet werden. Die cerebralen Laute werden in der westlichen Kultur im Allgemeinen wie dentale Laute gesprochen, so dass auch im Schriftbild die Punkte unter den Buchstaben weggelassen werden können.

- In gleicher Weise wird auch zwischen den cerebralen und palatalen Zischlauten ṣ und ś nicht differenziert. Beide Laute werden sh geschrieben und wie sch ausgesprochen.

| | |
|---|---|
| *abhyāsa* (m.) | Übung, Wiederholung |
| *abhyāsa-yoga* (m.) | Yogaübung |
| *advaita* (m.) | Nicht-Zweiheit |
| *Advaita-Vedānta* (m.) | *Vedānta* der Nicht-Zweiheit |
| *ahimsā* (f.) | Gewaltlosigkeit |
| *ajñāna* (m.) | Unwissen, Unbewusstheit |
| *anudātta* (m.) | Tiefton in der Rezitation |
| *Anugītā* (f.) | philosophisch-religiöser Text im *Mahābhārata* |
| *asakta* (adj.) | ohne anzuhaften, ungebunden |
| *āsana* (n.) | Sitz, in den *Yoga-Sūtras*: Sitzhaltung, im *Hatha-Yoga*: Körperhaltung |
| *ātman* (m.) | Selbst |
| *avatāra* (m.) | Inkarnation (des Gottes *Vishnu*) |
| *bhagavan* (m.) | Erhabener, Göttlicher, Anrede Gottes, Ehrentitel eines Meisters |
| *Bhajan* (m.) | Lobpreis Gottes, religiöser Gesang |
| *bhajana* (n.) | Verehren, Zuteilen |
| *Bhagavadgītā* (f.) | Gesang des Erhabenen |
| *Bhagavadgītābhāshya* (n.) | Kommentar zur *Bhagavadgītā* |
| *bhakti* (m.) | (religiöse) Hingabe, Liebe |
| *bhakti-mārga* (m.) | Weg der (religiösen) Hingabe |
| *Bhakti-Yoga* (m.) | Yoga der (religiösen) Hingabe |
| *Bhārat* | offizielle Bezeichnung für die Republik Indien |
| *Bharata* (m.) | Name eines Königs im alten Indien |
| *bhāshya* (n.) | Kommentar, Erklärung |
| *brahman* (n.) | Absolutes |
| *brahmana* (m.) | Brahmane, Mitglied der Priesterkaste |

| | |
|---|---|
| *Buddha* (m.) | Erwachter, Name der Gründergestalt des Buddhismus |
| *buddhi* (f.) | Erkenntnis, Erwachen |
| | |
| *citta* (n.) | Geist |
| | |
| *Devanāgarī* (f.) | wörtl.: Stadt Gottes; Schrift, in der heute oft das Sanskrit und vor allem die neuindischen Sprachen Hindi und Marathi geschrieben werden |
| *devatā* (f.) | Gottheit |
| *dharma* (m.) | Gesetz, kosmische Ordnung |
| *dhyāna* (n.) | Meditation, Loslassen |
| *Dhyāna-Yoga* (m.) | Yoga der Meditation |
| *dvaita* (n.) | Zweiheit |
| *Dvaita-Vedānta* (m.) | Vedānta der Zweiheit |
| | |
| *gāyatrī* (f.) | Versmaß aus 3 mal 8 Silben bestehend, Name einer hinduistischen Göttin |
| *gītā* (f.) | Gesang |
| *gopāla* (m.) | Kuhhirte, Beiname *Krishnas* |
| *guna* (m.) | Qualität, Grundeigenschaft, Faden |
| *guru* (m.) | Lehrer, spiritueller Meister |
| | |
| *ishta* (adj.) | gewählt |
| *ishta devatā* (f.) | gewählte Gottheit |
| | |
| *japa* (m.) | Flüstern, Murmeln, Wiederholen |
| *jñāna* (m.) | Wissen, Erkenntnis, Weisheit |
| *Jñāna-Yoga* (m.) | Yoga der Weisheit, Yoga-Philosophie |
| | |
| *kāma* (m.) | Begierde, Wunsch |
| *karma* (n.) | Handlung |
| *karma-mārga* (m.) | Weg des Handelns |
| *karma-phala* (n.) | Frucht des Handelns |
| *karma-phala-tyāga* (m.) | Loslösung von den Früchten des Handelns |
| *Karma-Yoga* (m.) | Yoga des Handelns |
| *Kirtan* | religiöses Lied, insbesondere Wechselgesang |
| *kīrtana* (n.) | Erzählen, Wiederholen |
| *Krishna* (m.) | Name einer Inkarnation des Gottes *Vishnu* |

| | |
|---|---|
| *kshatriya* (m.) | Mitglied der Kriegerkaste |
| *Kurukshetra* (m.) | ‚Kuru-Feld', Ort der im *Mahābhārata* beschriebenen Schlacht |
| | |
| *Mahābhārata* (n.) | große Erzählung von den *Bhārata*s, eines der beiden großen Epen der hinduistischen Kultur |
| *mālā* (f.) | Gebets- und Meditationskette |
| *manas* (n.) | Denkorgan, Gemüt, Denken/Fühlen/Wollen |
| *mantra* (m./n.) | Meditationswort, Gebetsformel |
| *Mantra-Japa* (m.) | meditative Wiederholung von Mantras |
| *mārga* (m.) | Weg |
| *mūrti* (f.) | Verkörperung, Götterstatue |
| | |
| *nāda* (m.) | Klang, Laut, Ton |
| *naishkarmya* (n.) | Handlungslosigkeit |
| *nara* (m.) | Mann, Mensch |
| *nishkāma* (adj.) | ohne Begierde seiend |
| *nishkāma karma* (n.) | Handeln ohne Begierde |
| | |
| *paramparā* (f.) | ununterbrochene Reihe, Traditionslinie |
| *phala* (n.) | Frucht |
| *prakriti* (f.) | Erscheinungswelt, Natur |
| *pranava* (m.) | heiliger Klang |
| *pūrna* (n.) | Fülle |
| *purusha* (m.) | Geist, Geistseele |
| | |
| *rāja* (m.) | König |
| *Rāja-Yoga* (m.) | königlicher Yoga |
| *rajas* (n.) | Staub, Leidenschaft, Begierde, Getriebenheit, Aktivität |
| *Rāmāyana* (n.) | ‚Lebenslauf des *Rāma*', eines der beiden großen Epen der hinduistischen Kultur |
| *rishi* (m.) | Seher, Heiliger |
| | |
| *samādhi* (m.) | Einung, Versenkung |
| *samatva* (n.) | Ausgeglichenheit, Gleichmut |
| *sāmkhya* (n.) | Zahl, Name einer philosophischen Lehre |
| *samnyāsa* (m.) | Niederlegen, Entsagung |
| *samnyāsin* (m.) | Entsagender, Asket |

| | |
|---|---|
| *sanga* (m.) | Gebundenheit, Haften (an), Gemeinschaft |
| *sattva* (n.) | Klarheit, Reinheit, Sein, Gutes, Vollkommenheit |
| *satyāgraha* (m.) | Festhalten an der Wahrheit |
| *savitri* (m.) | Beiname des vedischen Sonnengottes *Sūrya* |
| *shakti* (f.) | Energie, Kraft |
| *shānti* (f.) | Friede |
| *Shiva* (m.) | hinduistischer Gott |
| *shloka* (m.) | Vers, Versmaß aus 4 mal 8 Silben bestehend |
| *shruti* (f.) | das Gehörte, Bezeichnung für den Veda |
| *shūdra* (m.) | Mitglied der Kaste der Arbeiter und Diener |
| *smriti* (f.) | das Erinnerte, die sich auf den *Veda* beziehenden Lehren |
| *sva* (adj.) | selbst, eigen |
| *svadharma* (m.) | eigenes Gesetz, Bestimmung, Pflicht |
| *svarita* (m.) | Hochton in der Rezitation |
| *svastha* (adj.) | im Eigenen ruhen, gesund |
| *tamas* (n.) | Trägheit, Dunkelheit, Passivität |
| *triyambaka* (m.) | der Dreiäugige, Beiname des vedischen Gottes *Rudra* |
| *tyāga* (m.) | Loslassen, Loslösung |
| *udātta* (m.) | Mittelton in der Rezitation |
| *vairāgya* (n.) | Loslösung |
| *vaishya* (m.) | Mitglied der Kaste der Händler und Bauern |
| *Vedānta* (m.) | Ende des *Veda*, auf den *Ved*a sich stützende Philosophie |
| *vijñāna* (n.) | Erkennen, Erkenntnis |
| *vinyāsa* (m.) | Anordnung, Hinsetzen, Stellung, heute: Sequenz von Körperhaltungen |
| *Vishistādvaita-Vedānta* (m.) | *Vedānta* der unterschiedenen Nicht-Zweiheit |
| *Vishnu* (m.) | hinduistischer Gott |
| *Yoga* (m.) | Anschirren, Verbindung, Einung, Übung |
| *yogastha* (adj.) | im Yoga verankert |
| *Yogī* (m.)/*Yoginī* (f.) | Yogaanhänger/Yogaanhängerin |

# Weiterführende Medien

## Textausgaben

*Aurobindo, Sri*: Bhagavadgita, Grafing 2009.
*Bretz, Sukadev*: Die Bhagavad-Gita für Menschen von heute, Bad Meinberg 2017 (2. Aufl.).
*Feuerstein, Georg*: The Bhagavad-Gītā. A New Translation, Boston u. London 2014.
*Gandhi, Mohandas K.*: The Bhagavad Gita According to Gandhi (translated into English by Mahadev Desai). Blacksburg (USA), 2011 (Neudruck, Originalausgabe 1931).
*Garbe, Richard:* Die Bhagavadgita. Darmstadt 1988, (Nachdruck der 2. Aufl. von 1921).
*Griffiths, Bede:* Bhagavadgita. Mit einem spirituellen Kommentar, München 1993.
*Hawley, Jack; Kobbe, Peter*: Bhagavadgita. Der Gesang Gottes. Eine zeitgemäße Version für westliche Leser, München 2002.
*Mylius, Klaus:* Die Bhagavadgītā, Wiesbaden 1980.
*Sastry, Alladi Mahadeva*: The Bhagavad Gita. With the Commentary of Sri Shankaracharya, Madras 1977 (orig. 1897).
*Schlegel, August Wilhelm*: Bhagavad-gita, id est Thespesion melos, sive almi Krishnae et Arjunae colloquium de rebus divinis, Bharateae episodium, Bonn 1823.
*Schreiner, Peter*: Bhagavadgita. Wege und Weisungen, Zürich 1991.
*Skuban, Ralph*: Die Bhagavad Gita - Das Weisheitsbuch fürs 21. Jahrhundert, München 2013.
*von Brück, Michael*: Bhagavad Gita. Mit einem spirituellen Kommentar von Bede Griffiths, München 1993.
*ders.*: Bhagavad Gītā - Der Gesang des Erhabenen, Frankfurt a.M. u. Leipzig 2007.
*von Glasenapp, Helmuth*: Bhagavadgita. Das Lied der Gottheit, Stuttgart 2003.
*von Schroeder, Leopold; Zimmer, Heinrich*: Bhagavadgita - Aschtavakragita 2004.

*Yogananda, Paramahamsa*: Gott spricht mit Arjuna. Die Bhagavadgita, Übersetzung mit Kommentar, 2. Bd., Los Angeles 2005.

## Internet

*Griffiths, Bede:* Bhagavadgita. Mit einem spirituellen Kommentar, München 1993, PDF-Datei: https://epub.ub.uni-muenchen.de/4259/1/4259.pdf

*Yoga Vidya*: Die Bhagavadgita, Rezitation, deutsche Übersetzung, Sanskrittext in Transkription und Devanagari, Wort-für Wort-Übersetzung, Kommentare: https://schriften.yoga-vidya.de/bhagavad-gita/

*Ziesing, Frank*: Bhagavad-Gita, Sanskrit-Umschrift mit grammatischer Wort-für-Wort-Analyse und Vokabelliste: https://ramakrishna.de/vedanta/bhagavad-gita.php

## Tonträger

*Dayananda Saraswati Swami:* Divine Verses of the Bhagavad Gita (CD), Oriental Records Inc.

*Tattvarupananda, Swami*: Bhagavadgita-Chanting (MP3-CD), Yoga Vidya Speyer.

*Zimmermann, Jutta*: Bhagavad Gita. Mitsingen und Chanten (CD), edition sawitri.

## Film

*Brook, Peter (Regie)*: Mahabharata, 3 DVDs, Englisch und Deutsch, 2012 absolut Medien (orig. 1989).

## Sekundärliteratur

*Aurobindo, Sri:* Essays on the Gita, Pondicherry 1972 (orig. 1922).

*Bazaz, Prem Nath*: The Role of Bhagavad Gita in Indian History, New Delhi 1975.

*D'Sa, Francis* (Hg.): Word-Index to the Bhagavadgita, Pune 1985.

*Feuerstein, Georg*: Die Yoga-Tradition. Geschichte, Literatur, Philosophie und Praxis, Wiggensbach 2008.

*Gandhi, Mohandas K.*: Handeln aus dem Geist, Freiburg (Br.) 1977.
*Huchzermeyer, Wilfried*: Die heiligen Schriften Indiens. Geschichte der Sanskrit-Literatur, Karlsruhe 2005.
*Malinar, Angelika*: The Bhagavadgita. Doctrines and Contexts. Cambridge 2007.
*Mainkar, Trimbak Govind*: A Comparative Study of the Commentaries on the Bhagavadgītā, Delhi u. Varanasi 1969.
*Schmieke, Marcus; Sacinandana Swami*: Mantras. Das große Praxisbuch, Freiburg i. Br. 2007.
*Sharma, Arvind*: The Hindu Gītā. Ancient and Classical Interpretations of the Bhagavadgītā, London 1986.
*Sharma, Krishna*: Bhakti and the Bhakti Movement. A New Perspective, New Delhi 1987.
*Sriram, R.*: Wünsche dir alles, erwarte nichts und werde reich beschenkt. Indische Philosophie für ein erfülltes Leben, München 2012.
*Stecher, Christine*: Mantras. Was sie bedeuten, wie man sie einsetzt, warum sie helfen, München 2015.
*Vivekananda, Swami*: Karma-Yoga und Bhakti-Yoga, Grafing 2012.
*Venkateswaran, R. J.*: Dictionary of Bhagavad Gita. New Delhi 1991.
*Wolz-Gottwald, Eckard*: Yoga-Philosophie-Atlas, Petersberg 2013.

# Überblick über die hinduistischen Lehren und die Themen des Yoga

Die 18 Kapitel der *Bhagavadgītā* sind in den meisten Textausgaben mit Überschriften versehen, die den Eindruck eines geordneten und in sich geschlossenen Textes vermitteln. Liest man genauer, so ist festzustellen, dass die Überschriften den tatsächlichen Inhalt der einzelnen Kapitel nur ungenau und meist nur teilweise wiedergeben. Oft gleicht die *Bhagavadgītā* einem Puzzle aus zahlreichen einzelnen Textpassagen, die im Laufe der vielen Jahrhunderte ihrer Entstehungszeit zusammengefügt wurden.

In der folgenden Tabelle werden die traditionellen Kapitelüberschriften auf der linken Seite den tatsächlich zu findenden hinduistischen und yogischen Themen gegenübergestellt. So wird einerseits deutlich, wie vielfältig die Themen der *Bhagavadgītā* angelegt wurden. Andererseits eröffnet sich die Möglichkeit, in dieser Vielfältigkeit einen Überblick darüber zu gewinnen, wie in den hinduistischen Gesamtkontext immer wieder die Texte des Yoga eingefügt wurden und zum Teil sogar mit den hinduistischen Lehren verschmolzen sind.

<table>
<tr><th>Traditionelle Kapitel-überschriften</th><th>Hinduistische Lehren</th><th>Themen des Yoga</th></tr>
<tr><td rowspan="2">1. Kapitel<br>Über die Verzweiflung des Arjuna</td><td colspan="2">Rahmenhandlung:<br>Samjayas Beschreibung der Schlachtreihen (1-19)<br>Arjuna sieht seine Gegner und verzweifelt (20-39, 45-47)</td></tr>
<tr><td>Höllenstrafe für die Zerstörung der Kastenordnung (40-44)</td><td></td></tr>
<tr><td>2. Kapitel<br>Über die Erkenntnis</td><td>Aufforderung Krishnas an Arjuna, seine Kastenpflicht zu erfüllen und in den Krieg zu ziehen</td><td></td></tr>
</table>

| | | |
|---|---|---|
| | Bitte *Arjunas*, durch den göttlichen *Krishna* belehrt zu werden (1-10)<br>Wiedergeburt der ewigen Seele (11-30)<br>Belohnung und Bestrafung für die Beachtung oder Missachtung des Kastengesetzes (31-38) | Handeln aus innerer Bestimmung unabhängig von Belohnung und Bestrafung (39-53)<br>Eigenschaften eines *Yogī* (54-72) |
| 3. Kapitel<br>Über das Handeln | Hinduistischer Opferkult (9-16)<br>Erlösung durch Hingabe an *Krishna* (30-32) | *Karma-Yoga* (1-8)<br>*Karma-Yoga* (17-26)<br>*Jñāna-Yoga* (27-29)<br>Handeln aus der inneren Bestimmung (33-35)<br>Unbewusstheit des Alltagsbewusstseins (36-40)<br>Der Weg innerer Einsicht (41-43) |
| 4. Kapitel<br>Über die Entsagung des Handelns durch Weisheit | Hinduistischer Ursprung des Yoga (1-5)<br>*Krishna* als Inkarnation *Vishnus* (6-15)<br>Hinduistischer Opferkult (24-25) | *Karma-Yoga* (16-23)<br>Vom materiellen zum geistigen Opfer (26-35)<br>*Jñāna-Yoga* (36-42) |

<table>
<tr><td>5. Kapitel<br>Über die<br>Entsagung</td><td></td><td>Karma-Yoga (1-3)<br>Jnāna-Yoga und<br>Karma-Yoga (4-5)<br>Karma-Yoga (6-12)<br>Erkenntnis des Selbst und des Absoluten (13-26)<br>Dhyāna-Yoga (27-29)</td></tr>
<tr><td>6. Kapitel<br>Über die<br>Meditation</td><td>Weg durch die<br>Wiedergeburten (37-47)</td><td>Der in der Welt handelnde<br>Yogī (1-9)<br>Der Weg des Dhyāna-Yoga<br>(10-36)</td></tr>
<tr><td>7. Kapitel<br>Über Erkenntnis<br>und Weisheit</td><td>Krishna als die Essenz der<br>Welt (4-12)<br>Erlösung nach dem leiblichen<br>Tod durch gläubige Hingabe<br>an Krishna (16-30)</td><td>Aufforderung zur Yoga-<br>praxis (1-3)<br>Illusion der Menschen (13-<br>15)</td></tr>
<tr><td rowspan="2">8. Kapitel<br>Über das<br>unvergängliche<br>Absolute</td><td>Aufbau der Welt (1-4)</td><td></td></tr>
<tr><td colspan="2">Innere Loslösung des Yogī von der Welt und<br>Eingehen in Krishna nach dem leiblichen Tod (5-28)</td></tr>
<tr><td rowspan="2">9. Kapitel<br>Über das<br>königliche<br>Wissen und das<br>königliche<br>Geheimnis</td><td colspan="2">Alle Wesen im göttlichen Sein Krishnas (1-10)</td></tr>
<tr><td>Weg der Ungläubigen und<br>der Gläubigen (11-15)<br>Krishna-Kult als beste<br>Religion (16-34)</td><td></td></tr>
<tr><td>10. Kapitel<br>Über die<br>göttliche<br>Herrlichkeit</td><td>Krishna als Ursprung der<br>Welt (1-18)<br>Krishnas Herrlichkeit<br>(19-42)</td><td></td></tr>
</table>

| 11. Kapitel<br>Über die Schau der kosmischen Gestalt | Offenbarung der kosmischen Gestalt *Krishnas* (1-22)<br>*Krishna* als Zerstörer der Welt (23-34)<br>Schau *Krishnas* durch *Arjuna* (35-54) | Handeln in Hingabe frei von Anhaftung (55) |
|---|---|---|
| 12. Kapitel<br>Über die religiöse Hingabe | Glaube an *Krishna* (20) | *Bhakti-Yoga*:<br>Verhältnis zur ungegenständlichen Meditation (1-5)<br>Formen des *Bhakti-Yoga* (6-12)<br>Der *Bhakti-Yogī* (13-19) |
| 13. Kapitel<br>Über die Unterscheidung von Feld und Feldkenner | | *Jñāna-Yoga*:<br>Erscheinungswelt als Feld (1-6)<br>Geist als Feldkenner (7-11)<br>Verhältnis von Feldkenner und Feld (12-34) |
| 14. Kapitel<br>Über die Unterscheidung der drei Grundeigenschaften | | *Jñāna-Yoga:*<br>Drei Grundeigenschaften der Erscheinungswelt (1-20)<br>Das Übersteigen der Grundeigenschaften (21-27) |
| 15. Kapitel<br>Über den höchsten Geist | *Krishna* als innewohnende Kraft von Mensch und Welt (7-15)<br>*Krishna* als der höchste Geist (16-20) | Baumgleichnis (1-6) |
| 16. Kapitel<br>Über die Unterscheidung zwischen göttlicher und dämonischer Existenz | Unterscheidung der Existenzformen (1-6)<br>Eigenschaften dämonischer Existenz (7-18) | |

| | | |
|---|---|---|
| | Verstrickung im Kreislauf der Wiedergeburten und der Hölle (19-21)<br>Heilige Schriften als Richtschnur der Erlösung (22-24) | |
| 17. Kapitel<br>Über die Unterscheidung zwischen den drei Glaubensformen | | *Jñāna-Yoga*:<br>Weg des Glaubens (1-7)<br>Weg der Ernährung (8-10)<br>Weg des Opfers (11-13)<br>Weg der Übung (14-19)<br>Weg des Spendens (20-22)<br>Zusammenfassung (23-28) |
| 18. Kapitel<br>Über die Befreiung durch Entsagung | Kastenpflichten (41-49)<br>Erlösung durch die Gnade *Krishnas* (50-62)<br>Hingabe an *Krishna* (63-72)<br>*Arjuna* erlangt Erkenntnis durch die Gnade *Krishnas* (73) | *Bhakti-Yoga*: Loslösung vom Anhaften an die Früchte religiöser Praxis (1-6)<br>*Jñāna-Yoga* und *Karma-Yoga*: Der Weg zur Loslösung vom Anhaften an die Früchte des Handelns (7-40) |
| | Schlussworte *Samjayas* (74-78) | |

## Die *Bhagavadgītā* in Kurzfassung

Wer nicht nur den Interpretationen folgen, sondern sich ein eigenes Urteil bilden will, dem sei die Lektüre des Originaltextes der *Bhagavadgītā* empfohlen. Für einen ersten Einstieg kann die folgende Zusammenstellung der wichtigsten Textpassagen in einer strukturierten Kurzfassung auf acht Seiten hilfreich sein.

### 1. Die religiösen Lehren des Hinduismus

*Krishna als Inkarnation des Gottes Vishnu*
*Krishna*: Wann immer nämlich ein Schwinden der Frömmigkeit eintritt, oh Nachkomme des *Bharata*, und damit ein Anstieg des Unrechts, dann erschaffe ich mich selbst unter den Kreaturen (4.7). Zum Schutz der Guten, zur Vernichtung der Übeltäter und zur Festigung der Frömmigkeit entstehe ich in jedem Weltzeitalter (4.8).

*Höllenstrafe für die Zerstörung der Kastenordnung*
*Arjuna*: … Sind die Frauen sittenlos, oh *Vārshneya*, entsteht die Vermischung der Kasten (1.41). Die Vermischung ist der Weg zur Hölle für die Familienzerstörer wie auch für die Familie selbst. Denn ihre Ahnen fallen tief hinab, wenn sie der Opfer mit Speise und Wasser beraubt sind (1.42) … Den Menschen, welche die Gesetze (*dharma*) der Familie abgeschafft haben, oh *Janārdana*, ist ein Platz in der Hölle gewiss, so wurde uns überliefert (1.44).

*Belohnung und Bestrafung für die Beachtung oder Missachtung des Kastengesetzes*
*Arjuna*: Meine Glieder ermatten und der Mund trocknet aus. Ein Schauder geht mir durch meinen Körper und die Haare

stehen mir zu Berge (1.29). … Ich bitte dich, *Krishna*, sage mir: Was soll ich tun? Ich bin dein Schüler, bitte lehre mich (2.7).
*Krishna*: Und wenn du deine Kastenpflicht (*svadharma*) betrachtest, solltest du nicht schwanken; denn es gibt nichts Besseres für ein Mitglied der Kriegerkaste als den rechtmäßigen Kampf (2.31). Und durch solche Gelegenheit die Himmelstür geöffnet, sind die Mitglieder der Kriegerkaste glücklich, oh Sohn der *Prithā*, über die Möglichkeit zu einem solchen Kampf (2.32). Aber wenn du diesen rechtmäßigen Kampf nicht kämpfen wirst, wenn du deine Kastenpflicht und Ruhm aufgegeben hast, dann wirst Übles du erfahren (2.33). … Entweder wirst du getötet, dann erlangst du den Himmel, oder du wirst siegreich die Erde genießen. Deshalb erhebe dich, oh Sohn der *Kuntī*, entschlossen zum Kampf (2.37). Wenn du Glück und Leid, Gewinn und Verlust, Sieg und Niederlage als gleich betrachtet hast, dann bereite dich zum Kampf. So wirst du keine Sünde auf dich laden (2.38).

*Wiedergeburt der ewigen Seele*
Wie die Menschen in diesem Leib Kindheit, Jugend, Alter durchleben, so erlangen sie auch einen anderen Körper … (2.13). Als einmal ein Ende habend, gelten diese Körper als Stätten der ewigen Seele, der unzerstörbaren, unermesslichen; daher kämpfe, oh Nachkomme des *Bharata*! (2.18). … Wie ein Mann die abgenutzten Kleider ablegt und andere, neue nimmt, so legt die Seele die verbrauchten Körper ab und tritt in andere, neue ein (2.22). Nicht zerschneiden sie die Schwerter, nicht brennt sie das Feuer und nicht befeuchten sie die Wasser noch trocknet sie der Wind (2.23).

*Gefangenschaft im Kreislauf der Wiedergeburten*
*Krishna*: Die Menschen, die diesem Gesetz (*dharma*) nicht vertrauen, oh Vernichter der Feinde, gelangen nicht zu mir und kehren zurück in den Kreislauf des Todes und der Wiedergeburten (*samsāra*) (9.3).

*Eingehen in Krishna nach dem leiblichen Tod*
*Krishna*: Und wer zur Todesstunde allein an mich sich erinnert, wenn er den Körper verlassend stirbt, der gelangt zu meinem Sein, darüber gibt es keinen Zweifel (8.5).

*Heilige Schriften als Richtschnur*
Deshalb sollen dir die heiligen Schriften die Richtschnur sein für die Entscheidung, was zu tun ist und was nicht zu tun ist (16.24).

## 2. Die Philosophie des Yoga

*Über alle Religion hinaus*
Was an Nutzen in einem Brunnen liegt, in den von allen Seiten Wasser sich ergießt, so viel liegt in allen *Veden* für einen kundigen *Brahmanen* (2.46).
Was auch für das Studium des *Veda*, Opfer, Buße und Gaben an Früchten verheißen wird, über das alles hinaus gelangt der wissende *Yogī*, der den höchsten, ursprünglichen Zustand erreicht hat (8.28).

*Die Unbewusstheit des Alltagsbewusstseins*
*Arjuna* sprach: Von wem angetrieben begeht der Mensch die Übeltat, oh Nachfahre des *Vrishni*, die er doch gar nicht tun will? (3.36).
Der Erhabene sprach: Das ist die Begierde, das ist der Zorn, dessen Ursprung die Grundeigenschaft (*guna*) Leidenschaft

(*rajas*) ist, ein Allesfresser, das große Unheil. Diese erkenne hier als Gegner (3.37). Wie das Feuer von Rauch verhüllt und ein Spiegel von Staub bedeckt, wie von einer Eihaut umhüllt der Embryo ist, so ist hiervon alles verhüllt (3.38).
Denn folgt die Psyche den umherschweifenden Sinnen, reißen diese ihr Bewusstsein weg, wie der Wind das Schiff im Meer (2.67).

*Der Weg innerer Einsicht*
Darum zügle als erstes die Sinne, oh Bester der Nachkommen des *Bharata*; vom Bösen lass los, dem Zerstörer von Erkenntnis (*jnāna*) und Unterscheidung (*vijñāna*) (3.41). Die Sinne bezeichnet man höher (als den Körper), höher als sie das Denken (*manas*). Aber höher als das Denken ist die Einsicht (*buddhi*) (3.42).Viel höher aber als die Einsicht ist ER. Wenn Du das, was höher als die Einsicht ist, erkannt hast, dann stabilisiere das (niedrige) Selbst durch das (wahre) Selbst (*ātman*) (3.43).

*Handeln aus innerer Bestimmung unabhängig von den Früchten des Handelns*
Im Yoga verankert (*yogastha*) handle, alle Anhaftung (*sanga*) aufgegeben habend. Erfolg und Misserfolg nimm gleichmütig auf: Geistige Gleichmut (*samatva*), sie wird Yoga genannt (2.48).
Die innere Bestimmung (*svadharma*), wenn auch erfolglos ausgeführt, steht höher als das gut ausgeführte Gesetz (*dharma*) eines anderen (3.35).
Das Aufgeben der durch Begierde (*kāma*) erzeugten Handlungen verstehen die Weisen als (wahre) Entsagung (*samnyāsa*). Die Loslösung von allen Früchten des Handelns (*sarva-karma-phala-tyāga*) nennen die Einsichtigen die (wahre) Loslösung (*tyāga*) (18.2).

## 3. Die Übungswege des Yoga

*Karma-Yoga*

Um das Handeln (*karma*) allein bemühe dich, niemals jedoch um die Früchte (*phala*). Die Frucht des Handelns (*karma-phala*) sei niemals dein Motiv. Du sollst aber auch nicht am Nicht-Handeln anhaften (*sanga*) (2.47).

Niemand kann ja nur für einen Augenblick existieren, ohne etwas zu tun. Jeder vollzieht unwillkürlich eine Handlung (*karma*) auf Grund der Eigenschaften der Materie (3.5). … Aber wer die Sinne durch den Geist (*manas*) zügelt und zu handeln beginnt, oh *Arjuna*, und ohne anzuhaften (*asakta*) handelnd *Karma-Yoga* übt, der ragt heraus (3.7). … Deshalb vollziehe ohne anzuhaften stets die Handlung, die zu tun ist (*kāryam karma*). Denn wer ohne anzuhaften handelt, der Mensch erreicht das Höchste (3.19).

*Jñāna-Yoga*

Verhüllt ist die Weisheit (*jñāna*) des Weisen durch diesen ewigen Feind, der die Gestalt der Begierde (*kāma*) hat, oh Sohn der *Kuntī*. unersättlich wie das Feuer (3.39).

Man kennt ja hier kein solches Läuterungsmittel wie die Weisheit (*jñāna*). Wer im Yoga zur Vollkommenheit gelangt ist, der findet sie selbst mit der Zeit im Selbst (*ātman*) (4.38).

Wer durch Yoga den Handlungen entsagt hat, der durch Weisheit (*jñāna*) die Zweifel zerstreut hat, der aus dem Selbst (*ātman*) lebt, den bindet sein Handeln nicht, oh Schatz-Bezwinger (4.41).

Klarheit (*sattva*), Leidenschaft (*rajas*) und Trägheit (*tamas*), das sind die Grundeigenschaften (*guna)*, hervorgegangen aus der Erscheinungswelt (*prakriti*). Sie binden den unvergänglichen Bewohner des Körpers an den Körper, oh Großarmiger (14.5).

Trägheit (*tamas*), wisse dies, ist aus Unbewusstheit (*ajñāna*) entstanden und täuscht so alle Bewohner der Körper. Sie bindet durch Nachlässigkeit, Faulheit und Schläfrigkeit, oh Nachkomme des *Bharata* (14.8).
Leidenschaft (*rajas*), wisse dies, ist der Ursprung des Durstes und des Anhaftens (*sanga*). Sie hat als Wesen das Begehren. Sie bindet den Bewohner des Körpers durch das Anhaften am Handeln, oh Sohn der *Kuntī* (14.7).
Dort ist die Klarheit (*sattva*) wegen ihrer Makellosigkeit leuchtend und leidlos. Durch das Hängen am Glück wie auch durch das Anhaften an der Weisheit (*jñāna*) bindet sie jedoch auch, oh Sündloser (14.6).
*Sattva* bindet an das Glück, *Rajas* an das Handeln, oh Nachkomme des *Bharata*, nachdem es die Weisheit verhüllt hat, haftet *Tamas* an der Nachlässigkeit (14.9).

*Arjuna* sprach: Durch welche Merkmale zeichnet sich derjenige aus, der über die drei *Gunas* hinausgelangt ist, oh Herr? Wie ist sein Lebenswandel? Und wie geht er über die drei *Gunas* hinaus (14.21)? Der Erhabene sprach: Weder verabscheut er das Licht noch das aktive Tun und auch nicht die Verblendung, wenn sie entstanden sind, noch ersehnt er sie, wenn sie vergangen sind, oh Sohn des *Pandu* (14.22).
Wer gleichmütig ist in Leid und Glück, der in seinem Eigenen ruht (*svastha*), dem ein Erdklumpen, ein Stein und Gold einerlei sind, wem Liebes und Unliebes gleichviel bedeuten, der in sich gefestigt ist, dem Tadel und Lob gleich sind, dem Ehre und Schande gleich viel bedeuten (14.24), der sich gleich verhält zu Freund und Feind, der alle Unternehmungen aufgegeben hat, von dem sagt man, er sei über die *Gunas* hinausgelangt (14.25).

*Bhakti- Yoga*
Auf mich wahrlich richte dein Denken (*manas*). Lasse das erwachende Erkennen (*buddhi*) in mich eingehen. Dann wirst du künftig in mir leben. Darüber gibt es keinen Zweifel (12.8). Wenn du aber deinen Geist (*citta*) nicht ohne abzuschweifen auf mich richten kannst, dann suche mich durch beharrliche Yogaübung (*abhyāsa-yoga*) zu erreichen, oh Schatzgewinner (12.9).
Wer gleich gesinnt ist gegenüber Freund und Feind und so auch gegenüber Ehre und Schande, gegenüber Kälte und Hitze, Glück und Leid gleich gesinnt, frei vom Anhaften (12.18), gleichmütig gegenüber Tadel und Lob, wer aus der Stille lebt, mit allem zufrieden ist, ohne Zuhause, festen Sinnes, der voll der Hingabe (*bhakti*) ist, dieser Mensch ist mir lieb (12.19).

*Dhyāna-Yoga*
Der *Yogī,* der, wie eine Schildkröte ihre Glieder, alle Sinne von den Sinnesobjekten zurückzieht, dessen Weisheit ist fest gegründet (2.58).
Wie eine Lampe, vom Wind geschützt, nicht flackert, dieser Vergleich gilt dem stabilen Geist des *Yogī*, der Yoga aus dem wahren Selbst lebt (6.19).

Der *Yogī* sollte beständig auf das Selbst ausgerichtet sein, in Einsamkeit, allein, Geist (*citta*) und Selbst gezügelt, frei von Wünschen und Besitz (6.10). An einem sauberen Ort soll er einen festen Sitz hinstellen, nicht zu hoch und nicht zu niedrig, Stoff, ein Fell und Gras darauf (6.11). Dort das Denken (*manas*) auf einen Punkt gerichtet, Geist (*citta*), Sinne, Tun gezügelt, sich niederlassend auf dem Sitz, übe er Yoga, zur Läuterung des Selbst (6.12). Gleichmäßig Körper, Kopf und Hals unbeweglich haltend, fest, schauend auf die Nasenspitze, blicke er nicht umher (6.13). Mit beruhigtem Selbst, frei von Furcht, fest im Gelübde der Enthaltsamkeit, das Denken (*manas*) gezügelt, den Geist (*citta*) auf mich (*Krishna*) gerichtet, sitze er, in mir das Höchste sehend (6.14).

Wer nicht an der Frucht der Handlung (*karma-phalam*) hängend die Tat tut, die getan werden muss (*kāryam karma*), der ist ein Entsager und ist ein *Yogī* (6.1).

Der kennt Yoga nicht, der zu viel isst, und auch nicht der, der überhaupt nicht isst; nicht der, der zu viel schläft oder der zu wenig schläft (6.16).

Wer das Selbst im Yoga übt, der sieht in allen Wesen das Selbst und alle Wesen im Selbst. Er betrachtet alles als gleich (6.29). Wer Mich (Krishna) überall sieht und alles in Mir sieht, dem entschwinde Ich nicht, und er entschwindet Mir nicht (6.30).

Zweifellos, oh Großarmiger, ist der schwankende Geist schwer zu zügeln. Doch durch Übung (*abhyāsa*) und Loslösung (*vairāgya*), oh Sohn der *Kuntī*, wird er gezähmt (6.35).

*Das Besondere der einzelnen Übungswege und ihre Einheit*

*Jñāna-Yoga* ist für die Denker (*sāmkhyānām*) geeignet, *Karma-Yoga* für die yogischen Praktiker (*yoginām*) (3.3).

Nur Kinder, nicht die Gelehrten, sprechen vom Weg des Wissens (*sāmkhya*) und dem Weg des yogischen Handelns (*yoga*) als verschiedene Wege. Wer in nur einem wahrhaft gegründet ist, gewinnt die Frucht von beiden (5.4). Den Zustand, den man durch Denken (*sāmkhya)* erlangt, zu dem gelangt man auch durch yogisches Handeln (*yoga*). Denken (*sāmkhya)* und yogisches Handeln (*yoga*) sind eins (5.5).

# Weitere Bücher aus dem Verlag Via Nova:

## Yoga Philosophie Karten

**Ein Grundkurs zur Philosophie des Yoga**
**Eckard Wolz-Gottwald**

Kartenset, 84 Karten mit Begleitbuch, 120 Seiten,
ISBN 978-3-86616-460-4

Yoga-Philosophie-Karten sind ein praxisbezogener Grundkurs zur Erfahrung der Philosophie des Yoga. Zusammengestellt aus allen wichtigen Texten der fast 3000-jährigen Tradition des Yoga sind 84 Kerngedanken der Yoga-Philosophie mit 84 Karten auf den Punkt gebracht. Die Karten ermöglichen es, über die zentralen Gedanken der Philosophie des Yoga zu meditieren, um dann mit Hilfe der Erklärungen des Begleitbuches ein umfassendes Verständnis der Zusammenhänge zu gewinnen. Die traditionelle Methode der Vermittlung von Yoga-Philosophie in kurzen Merksätzen wird hier verbunden mit den Prinzipien modernen Lernens. Yoga-Übende können sich mit den Karten übend auf den Weg begeben, um so ihre eigene Praxis zu vertiefen. Der Kurs ist geeignet zum Selbststudium für Anfänger wie auch für Fortgeschrittene und bietet gleichzeitig auch ausgezeichnetes Material zur Verwendung im Yoga-Unterricht.

## Yoga-Philosophie-Atlas

**Eckard Wolz-Gottwald**

Hardcover, 228 Seiten,
230 Abb. und Graphiken,
ISBN 978-3-936486-04-9

6. Auflage

Der „Yoga-Philosophie-Atlas" ist eine Enzyklopädie der Yoga-Philosophie. Er besteht aus Texten zu allen zentralen Themen der Yoga-Philosophie. Die den Text erläuternden Grafiken können die Grundstrukturen eines Gedankens treffend auf den Punkt bringen und ermöglichen so den Zugang zu den oft komplizierten Zusammenhängen der Yoga-Philosophie. Von der allgemein verständlichen Anschaulichkeit ist der Weg zu den Tiefen des yogischen Wissens gewiesen. Der „Yoga-Philosophie-Atlas" erläutert die einzelnen Wege und Schulen und setzt sie in den großen Zusammenhang der Philosophie des Yoga. Die Grundthemen der Yoga-Philosophie, die großen Text-Zeugnisse des religiösen Yoga, des klassisch-philosophischen Yoga und auch des körperorientierten Yoga der Gegenwart bilden besondere Schwerpunkte.

## Yoga-Weisheit leben

**Philosophische Übungen für die Praxis**

**Eckard Wolz-Gottwald**

2. Auflage

Taschenbuch, 168 Seiten,
ISBN 978-3-86616-137-5

„Gelebte Yoga-Weisheit" ist ein Übungsbuch für Einsteiger wie Fortgeschrittene, die durch Yoga-Philosophie ihre Praxis vertiefen und weiterführen wollen. Jedes der 18 Kapitel ist verbunden mit Übungen, durch die Yoga-Philosophie nicht nur verständlich, sondern auch im Alltag anwendbar und erfahrbar wird. Das Buch zeigt, dass Yoga-Philosophie weit mehr bedeutet als Theorie. Die philosophischen Übungen helfen, sich des ursprünglichen Sinns der Yoga-Praxis bewusst zu werden. Es wird möglich, Yoga als Weg der Schulung der Bewusstheit von Körper, Geist und Seele, aber auch als Wegweisung für das Leben im Alltag zu erfahren.

## Atlas der Weltreligionen

**Das Basiswissen**

**Eckard Wolz-Gottwald**

Hardcover, 168 Seiten, 133 Grafiken,
ISBN 978-3-86616-181-8

Begegnungen mit anderen Religionen gehören heute zu unserem Alltag. Für einen offenen und fruchtbaren Dialog bildet ein exaktes, wissenschaftlich abgesichertes Basiswissen über die anderen Religionen das Fundament. Der vorliegende Atlas bietet nicht nur Texte, sondern auch zahlreiche grafische Darstellungen, die selbst komplizierte Zusammenhänge einsichtig und verständlich machen. Neben der Darstellung der einzelnen Religionen, deren Geschichte, heilige Schriften, Lehren, Praxis und spirituell-mystische Wege werden auch die Frage nach der Wahrheit gestellt und Möglichkeiten gezeigt, wie das Verhältnis der Religionen zueinander gedacht werden kann.

## Die Mystik in den Weltreligionen

### Spirituelle Wege und Übungsformen

### Eckard Wolz-Gottwald

Hardcover, 288 Seiten, über 200 Grafiken,
ISBN 978-3-86616-206-8

Das vorliegende Buch zeigt in einer umfassenden Übersicht die vielfältigen spirituellen Erkenntnisse, Entwicklungen und Übungsformen auf, die in den großen Weltreligionen entwickelt wurden. Es ist eine Enzyklopädie dieser mystischen Traditionen, die wissenschaftlich fundiert und exakt erarbeitet wurden und im Textzusammenhang auch durch zahlreiche Grafiken allgemeinverständlich erklärt werden. Der Leser erhält Informationen und Anregungen, den Blick über die Begrenzungen des eigenen Weges hinaus zu wagen und die verwandelnde Kraft in der Auseinandersetzung mit den spirituellen Wegen und Übungsformen der anderen Religionen zu entdecken.

## Die Yoga-Sutras im Alltag leben

### Die philosophische Praxis des Patanjali

### Eckard Wolz-Gottwald

Taschenbuch, 192 Seiten,
ISBN 978-3-86616-304-1

3. Auflage

Dieses Buch ist ein ganz besonderer Schatz des Yogawissens, denn es erschließt den bedeutendsten Text der Yoga-Philosophie für die heutige Yogapraxis. Für den Übenden, ob Anfänger oder Fortgeschrittener, wird so die Essenz des Yoga in seiner ganzen Dimension unmittelbar und konkret erfahrbar. In 18 Lektionen verbindet sich die tiefe Weisheit der berühmten Yoga-Sutras, die in ihrer ganzen philosophisch-spirituellen Bedeutsamkeit fundiert erklärt werden, mit praktischen Übungen, die es ermöglichen, den tiefen Sinn der Texte selbst zu erfahren. Ein großartiges Lehrbuch für alle, die die wahre Essenz des Yogas als Schulung der Bewusstheit von Körper, Geist und Seele und als spirituelle Wegweisung für das Leben im Alltag entdecken möchten.

## Samyama Integrale Yogameditation

**Ein spiritueller Übungsweg, der in die tiefe Erfahrung von Körper, Atem, Geist und Herz führt**

**Harald Homberger**

Klappenbroschur, 144 Seiten mit Lesezeichen,
ISBN 978-3-86616-520-5

Samyama Integrale Yogameditation vermittelt ein grundlegendes Verständnis von Yoga und Meditation und lässt uns das Herz des Yoga spüren: Yoga ist Meditation, der Weg des Erwachens zu unserer wahren Natur. Samyama Integrale Yogameditation steht für einen spirituellen Übungsweg und für eine Yogatradition, die Körper, Atem, Geist und Herz integriert und darüber hinaus praktische Handlungsanweisungen für ein spirituelles Leben im Alltag aufzeigt. Zeile für Zeile nimmt Harald Homberger seine Leserinnen und Leser in diesem Buch mit hinein in die Tiefe des Yoga – in das Gewahrsein reiner Gegenwärtigkeit.

## Die Unsterblichkeit der Seele

**Intuition, Willenskraft und Weisheit – Die Essenz der Yogaphilosophie**

**Ralph Skuban**

Klappenbroschur, 160 Seiten, ISBN 978-3-86616-516-8

In der Identifikation mit dem körperlichen Aspekt unserer Existenz fehlt uns offenbar, was alle Traditionen immer wieder lehren: Wir sind trotz der Vergänglichkeit des Körpers unsterblich. „Woher kam, was uns das Leben schenkte, und wohin wird es gehen, wenn wir das Leben einmal aushauchen?" In diesem Buch geht es um die Kernfragen des Menschen. Vor dem Hintergrund des Yoga entfaltet es, worauf es im Leben ankommt: Was ist Leben? Wie wirklich ist die Wirklichkeit? Ich bin mehr als mein Körper. Wege zum inneren Frieden. Der ganze Schatz liegt in mir selbst. Über den Wunsch, Gott zu sehen. Glück und Glückseligkeit. Gott wohnt in der Stille des Atems. Dieses Buch zeigt einfühlsam und argumentativ, wie wir falsche Konzepte und Identifikationen aufgeben können, damit wir existenziell erkennen und begreifen, wer und was wir in Wirklichkeit sind und dass das Glück in uns selbst liegt.